Ⓢ新潮新書

久世芽亜里
KUZE Meari

コンビニは通える引きこもりたち

874

新潮社

まえがき

本書に興味をお持ちいただき、ありがとうございます。

「引きこもり」という言葉が知られるようになり20年以上が経ちました。特に昨年（2019年）は関連する2つの殺人事件（川崎市登戸通り魔事件、元農水事務次官長男殺害事件）が起きたことも相まって、引きこもりに注目が集まりました。ですが、様々な報道や発言を見る中で、「引きこもりという言葉は浸透しているのに、実態はあまり理解されていない」と感じることが多々あります。

また、ここ最近は新型コロナウイルス感染症の影響で、引きこもることが世界全体で推奨されるという、珍しい状況となっています。引きこもりが持ち上げられ、引きこもりでもできる在宅仕事が増え、彼らの可能性も拡大している、といったプラスの印象も生まれています。一方で、外出自粛により新たに引きこもる人や再度引きこもってしまう人、行く場所を失い孤独になる人など、新たな「予備軍」も生まれています。しばらくはコロナショックの影響で生活困窮者などの支援が優先されるでしょうから、引きこもり支援は後回しにならざるを得ず、その点でも不安な面があります。引きこもり支援も今後、様々な判断を迫られることになるでしょう。

本書では、私が所属する引きこもり支援団体の25年以上の活動の蓄積と、年間約150組のご家族の対面相談を受けている私自身の経験に基づき、引きこもりとそれを取り巻く状況について説明していきます。

私が所属する「認定NPO法人ニュースタート事務局」は、1994年から引きこもりなどの若者の支援活動をしています。訪問活動と共同生活寮の運営がその中心で、これまで1600人以上を支援してきました。

私が主に担当しているのは、ホームページなど外に向けて発信する広報関係と、「個別相談」という支援の手前に行う親御さんとの面談です。初めて来所する多くの相談者の話を聞くため、親にどんな考えが不足しがちなのかが分かり、それを発信に生かすというサイクルで仕事をしています。実際の支援を担当するスタッフが1人に長く深く関わるのに対し、私は1件1件は浅くなりますが、接する件数は一番多い立場になります。
本書で取り上げる引きこもりの人の傾向や、うまく解決できない親の傾向は、そういった経験からまとめたものです。事例や言葉を多数掲載していますが、これらは実際に私たちが支援したケースや相談内容を元にしています。想像で勝手に作ったようなエピソードは一つもありません。

他所の支援についても触れていますが、「名前は知っているけれど詳細は分からない」というものが実はほとんどでした。そうした団体については、基本情報は自ら調べ、私たちの団体に来られた利用経験者などからも直接話を聞きました。とはいえ実情はまた違うかも知れませんし、同じ種類の支援でも個々の施設で異なることもあるでしょう。本当のところは、やはり足を運ばなければ分かりません。そこはご了承の上でお読みください。

本書は全体を通じて、引きこもり自身が何をしたらいいかではなく、親も含め周囲が何をするべきかという視点で書いています。周囲の状況が変われば、引きこもり本人にも何らかの変化があります。まずは周囲が対応を変えるべきという思いからです。

本書全体のキーワードは「多様性」です。これは最近言われ始めている、引きこもりの方の多様性に留まりません。引きこもりという問題に直面していると、紋切り型のイメージでは理解の覚束ないことが多く、必然的に多様性ということを考えざるを得なくなるのです。この多様性をお伝えするために、たくさんの事例や事実、考え方を並べたつもりです。

まずは引きこもりとその親、支援状況といった環境まで正しく理解してもらうこと。その多様な実情を知ってもらうこと。これが引きこもりという社会問題の解決に向けた第一歩になると思い、執筆させていただきました。

少しでも多くの方に伝われば幸いです。

コンビニは通える引きこもりたち――目次

第1章　引きこもりをめぐるウソホント

引きこもりたちのほとんどは外出している

アキラ君（仮名）は現在22歳。小さい頃から人間関係が苦手で、友人があまりいないタイプでした。大学に入って間もなく不登校になり、そのまま中退。その後何もしないまま、約3年が過ぎています。両親は働いているので、日中は家で1人。昼頃に起きて、家にあるものを食べながら、リビングでテレビなどを見ています。

両親が帰宅する夕方頃からは、自室でパソコンに向かい、ゲームをしたり動画を見たりして過ごします。廊下で親と顔を合わせて話しかけられると、普通に返事もします。家族が寝静まってから用意してある夕飯を食べて、そのまま夜中までパソコンです。バイトしてみたらと親には言われるのですが、一度も働いた経験がなく、応募する勇気も出ません。週に何度かは近所のコンビニに行き、もらっている小遣いでお菓子や飲み物を買います。たまに電車に乗って、少し遠くまで服などを買いに行くこともあります。年に2、3回は、好きなアイドルのコンサートに出かけます。

これは、よくいる引きこもりの生活です。

引きこもりと言うと、じっと家の中にいる、家から出ないというイメージではありませんか？　内閣府が2016年に発表した15～39歳を対象とした引きこもり調査では、「趣味の用事のときだけ外出する」が67・3％、「近所のコンビニなどには出かける」が22・4％と、実はほとんどの人が外出はしているのです。それに対して、「自室からは出るが、家からは出ない」はたったの10・2％、「自室からほとんど出ない」は何と0・0％でした。

同じく2019年に発表された40～64歳という高年齢引きこもりを対象とした調査では、年齢が上がった分、内容は深刻にはなりますが、それでも「趣味の用事のときだけ外出する」が40・4％、「近所のコンビニなどには出かける」が44・7％で、外出する人は8割を超えています。さらに「自室からは出るが、家からは出ない」は10・6％ですが、「自室からほとんど出ない」が4・3％と、重度の引きこもりはこの年齢の方が多いことが分かります。

これらの調査による推定引きこもり人数は、15〜39歳が54・1万人、40〜64歳が61・3万人で、合わせて115・4万人。外出しない引きこもりの人数は15〜39歳が54・1万人×10・2％＝5・5万人、40〜64歳が61・3万人×14・9％＝9・1万人で、合わせて14・6万人となります。全体で考えても、家から出ない引きこもりはおよそ12・7％に過ぎません。統計上では、引きこもりと言われている人のうち、9割弱が近所のコンビニ程度の外出はできているのです。

私たちニュースタート事務局は、主に親御さんからの相談を受けていますが、実際の相談でも、コンビニ程度には行けるという人が大半です。全く家から出ない人は、2〜3割でしょうか。親御さんが相談しようと思うだけあって深刻なケースが多いのか、内閣府の調査よりも少し多い感じですが、過半数にはほど遠いのが実態です。これは、世間が持つ一般的な引きこもりのイメージとは、だいぶ違うのではないでしょうか。

内閣府では、学生でもなく仕事もしておらず、家族以外とあまり会話していない状況が半年続いている人を、「広義の引きこもり」と定義しています。主婦や家事手伝い、原因が身体的な病気の人などは除きます。省庁によって多少表現の仕方は違いますが、大枠は同じです。

ずっと自室で過ごし、親が部屋の前まで食事を運び、終わったら廊下に出してある食器を取りに行くだけで、親も何年も姿を見ていない人。

外出はできて、買い物の時は店員と必要最低限の話はして、近所の人と道端で会えばあいさつ程度はするが、親しく会う友人がいない人。

この両方とも、引きこもりと呼ばれる人たちなのです。そして、実際の引きこもりは、後者のタイプが大半を占めているのです。

引きこもりのきっかけは不登校？

カズヤ君（仮名）は現在、33歳です。専門学校を卒業して就職、実家を出て一人暮らしもしていました。6年同じ会社で勤務を続けますが、だんだん人間関係で負担を感じるようになり、最後は仕事のミスを上司だけでなく後輩にも指摘され、会社に行けなくなりました。

親は息子を実家に戻し、しばらく様子を見ていました。1年もすると、カズヤ君は契約社員として働き始めました。親も一安心しましたが、半年後、彼は契約を更新しませんでした。やはり仕事のミスを何度かして、続けるのがつらくなったようです。そこから5年間、何もしない状況が続いています。

普段はパソコンでゲームをして過ごしています。一応会話もあります。昼夜逆転の生活ですが、タイミングが合えば、夕食は家族で取ります。ゴミ捨てや風呂掃除などを母が頼むと、ちゃんとやってくれます。自主的な外出はほとんどありませんが、親が外食に誘うと出てきます。免許の更新は行ったようですが、就職活動をする様子は全くありません。友人など親以外の他者とのつながりも、今は全くないようです。

引きこもりのきっかけは不登校。そんなイメージを持っている人もいることでしょう。確かに一昔前は、そう思われていました。ですから引きこもりは若者の問題とされ、対策の対象年齢もそれに準じたものになっていました。

しかし、内閣府の15～39歳対象の調査では、引きこもりのきっかけが小中高の不登校という人は、18・4％に過ぎません。アキラ君のように大学になじめなかったという人を合わせても、たったの22・4％なのです。40～64歳対象の調査では、小中高の不登校がきっかけと回答した人は、わずか8・5％。複数回答可ですので、最大でもこの数字なのです。両方を合わせると、不登校がきっかけで引きこもりになった人はおよそ15・0%しかいません。むしろ、カズヤ君のように、一度は仕事についた後に引きこもりになった、というケースの方が主流なのです。

年齢から考察しても、数字は大きくは変わりません。19歳以下で引きこもりが始まったという人は、15~39歳で42・8%。40~64歳ではわずか2・1%。全年齢では、10代から引きこもっている人は、およそ21・2%になります。不登校がきっかけだと思われる、実際に10代から引きこもっている人は、全体のたった2割程度なのです。

これは、私たちが現場で受けている相談での印象とも一致します。統計を出したことはありませんが、不登校からそのまま引きこもったという人は、いるにはいますが、過半数には程遠い。同時に、バイトであれ何であれ、働いたことが一度もないという人も、少数派です。引きこもりの相談で一番多いのは、「学生時代は何とかやってこられた。就職やバイトの経験も少しはあるが、うまくいかずやめてしまい、結局引きこもった」という人たちなのです。

垣間見える人間関係の問題

サトル君（仮名）は幼稚園の頃から、お友達の輪に入ろうとしないタイプでした。1人で黙々と、自分の世界の中で遊びます。

小学校では遊びに来てくれる子ができ、家で一緒にゲームをしていました。中学では小学校時代の友人がいてくれました。高校は卓球部に入り、数人ですが友人がいました。

大学は行きましたが、そこでは友人らしい友人はできず。就活は全くせず、その先が決まらないまま大学を卒業。友人がいなかったため情報に乗り遅れ、ずるずる時間が過ぎてしまったようです。それでも自分でバイトを探して働き始めましたが、飲食店の接客業だったため、親は「うまくいかないのでは」と思っていたそうです。案の定、このバイトは数ヶ月で退職。自分でも接客業は無理だと思ったのか、次はスーパーの裏方の総菜部門のバイトに。仕事自体は問題がなかったようですが、パートのおばさんたちとの会話がつらくなり、結局半年で退職しました。その後8年間は仕事を探すこともなく、家で静かに暮らしています。

親子の会話はほとんどないのですが、元々あまり話す子ではなく、引きこもったから急に話さなくなったというわけではありません。小遣いは月5000円渡していますが、たまに近所のコンビニでお菓子や飲み物を買う程度なので、事足りているようです。

不登校は引きこもりの原因の一つでしかありませんが、不登校ではなかったからと言って、小中学生時代に問題がなかったかと言うと、そうとは言い切れません。

私たちが支援を始める際には、まず親御さんにこちらの事務所に来所していただき、これまでの経緯などをじっくり聞きます。小中学生時代の友人関係の話は、必ずと言っていいほど聞く項目です。すると、

「自分から友達をつくるタイプではなかった」

「一緒に遊ぶような友達はいなかった」

「友達は一応いたが、ほんの数人だった」

「中学からは友達がいなくなった」

などと親御さんが話すケースが、全体の6割にはなります。

仕事をやめてしまった理由は、雇用条件、仕事の内容、職場の人間関係に大きく分けられます。その中でやはり、人間関係の問題の割合が一番高くなります。「仕事をしていたがそこでの人間関係がうまくいかなかった」という人の多くは、やはり小中学生で友達がいない・少ないと親が思っている人たちでした。

小さい頃からの友人がいて声をかけてくれた、少ないが友達がいたので何とかなった、友達はいなかったがいじめもなくクラスの一員でいられた、勉強面で問題がなかった、学校という空間に苦がなかった――。そうやって不登校にはならずに済んだけれど、この子は人間関係が苦手だなと、親御さんが感じていた子どもたち。学生時代はそれで何とかなっても、仕事を始めるとそれでは済みません。気の合う人がクラスに１人２人見つかればいい学校生活と違い、職場ではたまたま一緒になった様々な人と関係を作りながら、仕事をこなしていかなくてはなりません。元々人間関係が苦手な人には、なかなか難しいことでしょう。

大人になるにつれて人間関係がある程度作れるようになる、あるいは職場で周囲の人に恵まれる、などがなければ、どこかでうまくいかなくなり、退職してしまいます。そして次の仕事をうまく探せない、何度も似たような失敗を繰り返すうち、どこかの時点で引きこもりになってしまうのです。

小中高での不登校がきっかけで引きこもる人は多くはありませんが、現在の引きこもりの原因の種を、親御さんから聞く小中高時代の様子から感じることができます。

それは人間関係の問題に限りません。作業が遅い、とにかく作文が書けないなど、様々な種類の心配事があります。子どもが小さい頃は、「この子はこれで将来苦労するんじゃないか」と、どの親御さんも思うことがあるでしょう。その種をうまく取り除けず、そのまま抱えてしまい、周囲にも恵まれず、結果引きこもりになってしまう。

そんな人が、引きこもりのおよそ半数を占めているのです。

就活でつまずく大学生たち

タカシ君（仮名）は中学受験して中高一貫校に進学しました。野球部に所属し、友人は多い方ではありませんでしたが、それなりにいました。勉強もできて有名大学に入学し、親御さんは全く問題を感じていませんでした。大学2〜3年の頃は、塾の講師のバイトもしていました。

就活を始めた際、最初の企業ではペーパーテストは受かったのですが、グループ面接で一言も話せなかったようです。次の企業でもやはりペーパーテストは受かりましたが、いざ面接というタイミングで自分から断ってしまいました。人に相談できない性格のようで、大学のキャリアセンターにも行かず、そのまま大学を卒業。それから2年が経ちますが、何もしない生活が続いています。

普段は家でパソコンをして過ごし、外出は月1〜2回の買い物程度。夕食はほぼ必ず家族で食べます。カレーくらいなら、たまに作ってくれます。家族での会話は普通にしますが、仕事や将来などの話になると、黙ってしまいます。中高の野球部時代の友人が心配して、たまに遊びに誘ってくれるのですが、今の自分が恥ずかしいのか、断ってしまっているようです。「次にどうしたらいいのか分からない」と親は悩んでいます。

引きこもりの半数は、子どもの頃に親御さんが何となく予感があった人たちです。では残りの半分はどんなきっかけで引きこもるのでしょうか。

一定の割合を占めるのが、「就活のつまずき」です。内閣府の調査でも、15〜39歳で16・3％、40〜64歳でも6・4％を占めています。

学生時代は何の問題もなかった。勉強も普通かそれ以上にできて、友人もいた。なのに就職活動がうまくいかず、卒業するのが怖くて在学中に不登校・引きこもりになってしまう。または卒業は何とかしたけれどそのまま引きこもる。そんな経緯で引きこもってしまう人が、全体のおよそ1割になります。

彼らはなぜ就活でつまずくのでしょうか。理由の一つは、面接や電話が苦手であることです。また、有名企業ばかり受ける、公務員など特定の仕事にこだわる、自分の適性に合うとは思えない方向を目指すなど、様々なミスマッチを起こしている人もいます。

これまでの学生という身分から、初めて「働く」という事実が目の前に来て、体がすくんで動けなくなる人もいます。

この人たちの特徴として、うまく情報を摑めていない、という点もあります。同級生たちが動き始めているのに、友人がいないため出遅れる。相談するのが苦手でキャリアセンターにも行けない。そうやって情報から取り残され、誰からのアドバイスも受けられず、どうしていいか分からないまま時間が過ぎていってしまうのです。

気持ち的に就職へ踏み出せない、自己理解があまり進んでいない、更に情報も得られていないなどが理由で、結局動けなくなる。そうやって引きこもりが始まった人が、1割ほどいるのです。

10年仕事が続いても安心できない

ノリオ君（仮名）は、現在35歳です。都心で一人暮らしをしながらデザイン系の専門学校を卒業し、広告会社に入社。ですが入社して10年が経った頃、「何のために働いているのか分からない」「何のために生きているんだろう」と話すようになりました。終電でばかり帰るようなきつい仕事で、うつの傾向も見られたため、親も「疲れたのだろう」と判断。しばらく休職し、家にいさせることにしました。

最初は病院にも通院し、薬も飲んでいました。会社は結局そのまま退職。失業保険をもらいます。ですが失業保険が切れても、仕事を探そうとしません。最初は「3ヶ月後の春までには働きたい」と言っていたのに、いざ春になると「夏までには」と言い、結局何もしないのです。秋には短期のバイトを少ししましたが、「合わない」とすぐやめてしまいました。

最初は「うつを治してから」「まだ休みたいのだろう」と親は思っていたのですが、いつまでたっても動き出しません。親は自営業を営んでおり、忙しい時など頼むと手伝ってくれます。その時には、きちんと仕事はできます。お店を継いでくれても……とも思うのですが、「自分の仕事ではない」と言われてしまいました。

普段はパソコンに向かい、たまに買い物などに出かけ、以前の貯金があるので小遣いの要求もありません。そんな生活を5年も続けています。

ノリオ君のように、きちんと就職し、安定して10年以上働いていた人でも、引きこもりになる可能性があるのです。

うつになったり、異動した先の人間関係がうまくいかなかったり、ある程度責任を持たされた仕事で失敗したりと、原因は様々です。退職後の状況も、働いたけれど少ししか続かなかった人と、その後全く働けない人に大きく分類できますが、割合は半々くらいでしょうか。全く働けない人にも、傷ついていて動けない、うつ状態でとても働けない人もいれば、大学の紹介で就職してしまったため就活の経験がなく、コミュニケーションも苦手で、どう就活したらいいか分からない人もいます。

不登校にならなかったから、就職できたから、仕事が続いたから……。

このどれも、「だから引きこもらない」と言い切る理由にはならないのです。

40代50代の引きこもりが直面する、行先のない現実

ハジメさん（仮名）は現在50歳。大学を卒業し、バブル期に就職しました。仕事内容はかなりブラックだったようで疲れ果て、7年後に一人暮らしから実家へ戻ります。

今度は運転手として就職し、あまり残業もない仕事で13年勤めますが、ケガをして退

職することに。その後は派遣社員として倉庫で働き始めます。ですが、派遣法が変わった影響で3年で雇止めにあいます。そこから5年間、仕事はしていません。

最初の頃は職探しもしていました。でもすでに40代。年齢制限に引っかかったり、面接で落ちたりと、失敗が続きました。いつしか仕事を探すこともしなくなり、引きこもりがちな生活になっていったのです。今は1日のほとんどを自室で過ごし、家から出ることはほぼありません。

家族への罪悪感があり、週に半分は夕食を担当しています。母親が買ってきた食材で、家族全員の食事を作っています。夜は食卓を囲みながら、家族で会話もします。あまり欲もなく、インターネットで購入するのも本くらい。穏やかな引きこもり生活を送っています。

親御さんはあちこち相談に行ったのですが、「ご本人が来てくれないと……」「40代では……」と言われ、結局何もできないまま、50代を迎えてしまいました。

ニュースタート事務局でも40代の相談は今や珍しくなく、50代の相談も時々受けるようになりました。相談内容も年齢の分だけバリエーションに富んでいます。学生時代から引きこもって20年以上経つという方から、ほんの数年前までは働いていたが動けなくなった方、離婚歴があり子どももいる方まで、本当に様々です。

この年代の人たちの相談には、独特の閉塞感があります。50代ともなると親御さんも高年齢。体調が悪く相談に行くこと自体が難しいと言われることも多々あります。その下の40代は、就職氷河期世代です。一度は希望の職に就けた、という経験はほとんどの方がありません。同年代との競争の中でうまくいかなかった、時代の閉塞感をそのまま引きずっている世代でもあります。

また親御さんが年金暮らしで、民間の支援は金銭的負担が重いので利用できない方も多くいます。インターネットが利用できず情報を知らないこともあるでしょう。親御さんご自身の体力が落ちたせいか、我が子の引きこもりを何とかしようという気力も、若い世代に比べて低い印象です。変化を受け止める体力気力にも欠けるため、まず親御さんご自身が変わって……と思ってもなかなかうまくいかないのです。

ご兄弟が相談してこられる割合も、この年代はぐっと高くなります。ですが実際は同居する親御さんがご本人を抱え込んでしまい、なかなか支援者が入っていけません。ご兄弟からの相談は、なかなか実を結ばないと言わざるを得ません。

統計上は、この年齢層の引きこもりが一番多いはずです。ですがニュースタート事務局では相談数自体もそこまで多くはありません。相談数が少ない上に、親御さんの心身の問題でさらにこぼれ落ち、支援するに至った数はとても少ないのが実情です。親御さんの相談や依頼から始まるニュースタート事務局だからだと言えればいいのですが、本当にどこにもつながっていない人たちも相当数いるように思います。

見えないけれど深刻な女性の引きこもり

マリコさん（仮名）は23歳。中学・高校ではいじめにあいますが、何とか不登校にはならず卒業しました。まじめな性格で、成績は比較的いい方でした。親は専門学校や大学への進学を勧めましたが、本人はそちらに向かって動けずそのまま卒業。これまでのストレスのせいか「眠れない」と言い出し、精神科に通院して薬も飲んでいます。5年経ちますが、体調は改善しません。そんな状況なので、バイトを探すという気持ちにもなれません。

父親のことは避けますが、専業主婦の母親とは毎日よく話をしており、何時間も話し続けることもあります。「バイトしなくちゃ」「普通になりたい」とは言うものの、いざとなると「どう見られるのか気になる」「やる気が出ない」と具体的な行動には移せません。部屋ではほぼスマホを見て過ごしています。犬を飼っており、散歩にはよく連れて行きます。外出は犬の散歩、毎月の通院、たまに買い物くらいです。

高年齢引きこもり以外で、もうひとつ心配している「見えにくい問題」に、女性の引きこもりがあります。

内閣府の調査では、女性の引きこもりは15〜39歳では36・7%、40〜64歳では23・4%。全体では29・6%が女性だということになります。私たちが受けている相談での女性の割合も、だいたい2割くらいですが、この2割には深刻なケースが多いのです。男性だと一定数を占める「きっかけさえあれば、何とかなりそうだな」というようなケースは、女性ではめったにありません。

引きこもりに至った経緯は、不登校がきっかけでそのまま、学校卒業時から、働いたけれども続かず、など男性と同じだけのバリエーションがこの2割に詰まっています。人数が少ない分、よりバラバラの印象すらあります。

傾向としては、いじめを経験した人や、体調不良を抱えている人の割合は、男性より高め。精神科の通院歴やカウンセリングを受けた経験がある人も多めです。

特筆すべき点は、母親との距離感です。母親とやたら仲がいい人、よすぎて束縛と言えるレベルになっている人、甘えから暴言暴力に至っている人など、母親と適度な距離感を保てている人は少ない印象です。私たちが支援する中で、母親と引き離すことに苦慮するケースが多々あります。

なぜ、女性の引きこもりはたった2割しかいないのに、その2割に大変なケースが多いのか。女性の方が順応性が高く、実際に女性の引きこもりが少ない可能性はあります。ですがそれでも、2割は少なすぎるように思えます。

ここからは仮説ですが、実は「家事手伝い」が関係している可能性があります。内閣府の調査でも、就労状況についての問いに「専業主婦・主夫」や「家事手伝い」と回答した人は、引きこもりに含めていないのです。男性なら軽い引きこもりと呼ばれるようなケースも、女性だと家事手伝いと見なされ、家族もさほど問題視せず相談もしないのではないでしょうか。

元々女性の引きこもりが少ないことと、「家事手伝い」という呼び名。この2つの要素があいまって、女性は調査上約3割となり、実際の相談も2割に留まるのではないでしょうか。ですがこれは、「隠れ引きこもり」とも呼べる女性が実はたくさんいる可能性を示唆しています。

10年は当たり前、30年すらある

ヤスシ君（仮名）は、中学校では普通の子どもでした。部活もして、友人もいました。高校に入って最初のゴールデンウイーク明けから、突然学校に行かなくなりました。学校での出来事は親に何も話さないので、親は何があったのかさっぱり分かりません。そのまま引きこもって20年、現在は36歳になっています。

最初の頃は中学や近所の友人が遊びに来てくれていました。少しは外出もできていました。ですがだんだん外に出なくなり、この10年は全く家から出ていません。親だけで行政や病院に相談に行ったことはありましたが、本人は行くのを拒否。どこの支援にもつながれていません。

ふだんは自室でパソコンに向かっています。食事は母親が作ったものを、自分で自室に運んで食べます。お皿は必ず洗ってくれます。猫を飼っており、ヤスシ君も可愛がっています。家族の会話は最低限度、猫の話題がほとんどです。

親はどうしたらいいか分からないまま、ただ時間だけが過ぎてしまいました。

内閣府の15～39歳対象の調査では、引きこもり期間を６ヶ月～1年、1～3年、3～5年、5～7年、7年以上に分けて統計を取っています。一番割合が高かったのが、7年以上の34・7％、次が3～5年の28・6％と続きます。

数字を合計していくと、75・5％が引きこもり3年以上、46・9％が5年以上、そして34・7％が7年以上となります。一度引きこもるとほとんどの人が3年まで長引き、そのうち半数が7年を過ぎてもまだ引きこもりを脱せない状況を表しています。

この調査で判明した、引きこもりのあまりの長期化に、より高年齢の人にはこれでは足りないと思ったのでしょう。3年後の40～64歳の調査では、1～3年を2つに分け、7～10年、10～15年、15～20年、20～25年、25～30年、30年以上を項目に追加していま す。

その結果、一番高い数字は3～5年の21・3％、1～2年の14・9％と続きます。高年齢になってからも十分引きこもりになり得ることが分かります。

ですが、実は7～10年から上の数字を足していくと、46・7％になります。15～39歳の34・7％よりも高い割合です。一度引きこもると、半分近い人は7年以上引きこもりが続いてしまうのです。

また、この数字は、それぞれの年数で引きこもりが終わったということを意味しません。未だ継続中で、たまたま今がその年数だというだけで、いつまで続くかは分かりません。実際、引きこもり30年以上が6・4％存在しています。

かなり少ないですが、私たちが受けている相談でも、引きこもり30年は実際にあります。10年ではもはや全く驚きません。20年くらいから少し珍しくなるレベルです。50代後半の方で40年引きこもっているというケースが、最長ではないかと思います。そこまでの年数になると、どうして引きこもったかより、なぜ引きこもりがそんなに続くのかが重要になります。

これからは、引きこもりの人の年数だけでなく、引きこもりから抜け出した人はどのくらいで抜け出せたのか、にも注目するべきでしょう。内閣府はこの調査もしています。現在は普通に外出するが過去に引きこもり状態だった人に、その引きこもり期間を尋ねています。

すると15～39歳は、6ヶ月～1年が40・1％と一番高い数字となり、次に高いのは1

〜3年の27・8％。合わせて67・9％で、7割近い人が3年以内で引きこもりを抜け出しています。40〜64歳でも、やはり一番高いのは6ヶ月〜1年の25・4％。3年以内で引きこもりを抜け出した人が、53・0％を占めます。

引きこもりを抜け出した人の半分以上が、引きこもり期間は3年以内でした。逆に言えば、3年以内に引きこもりを抜け出せないと、10年20年と引きこもりが長引く可能性が高まることが分かります。

一人暮らしの部屋でも引きこもり

ルイ君（仮名）は29歳です。大学進学時に実家を出て、一人暮らしを始めました。バイトもして、友人もいて……という、普通の大学生活を送りました。大学卒業後は正社員で就職しましたが、2年後に異動した先で人間関係に苦しみ、退職します。親から見ても落ち込んでおり、「辞める方がいい」と思えるほどでした。上司は引き留めてくれましたが、辞表を出しました。

最初は貯金で生活しながら就活をする予定でした。ですがなかなか動けないまま時間が過ぎ、母親に「お金を送って欲しい」と連絡することに。そこからは、毎月母親がお金を届けるようになりました。そのまま4年が過ぎますが、相変わらず何もできないままでいます。

最初の頃は、お金を渡すとお礼を言って、母親を部屋に上げて話もしていました。ですが今は居留守を使うため、母親は玄関ポストにお金の入った封筒を投げ入れるだけ。メールには「わかった」程度の一言二言の返信がたまに来ることはありますが、母親も息子の状況があまり摑めていません。


引きこもりと言うと、「自宅の中にいる」というのが一般的なイメージでしょう。実際は一人暮らしの部屋に引きこもり、というケースもあります。内閣府の調査でも、同居家族がいない割合は15~39歳で2・0%、既に一人暮らしをしていて退職したケースが多いのか、40~64歳では10・6%もいます。私たちが受ける相談では、一人暮らしのケースは1割もいませんが、相談そのものはあります。

たいてい生活費は親が届けるか、振り込んでいます。毎日のように母親が食事を持って通っている場合もあります。原因は、大学不登校、仕事をやめたこと、家で引きこもっていたので親が一人暮らしに出したがそのまま、などです。親がお金を持って行くと、会って外食にも出かけるというケースもあれば、何年も顔を見ていないというケースもあります。引きこもる場所が自宅から一人暮らしの部屋に移っただけで、原因や状況には、あまり違いはありません。ただ買い物や洗濯などは自分でやっていますから、最低限度の生活能力はあると言えます。

貯金などで生活し、ほとんど人と話さないという人も、引きこもりには含まれるはずです。ただ、親御さんが気付かないのか、そこまで問題視しないのか、親御さんからの相談ではそういったケースはほとんどありません。やはり親が仕送りをしており、その状況が長く続くから相談しようという気持ちになるようです。私たちへの相談数は少ないですが、「高年齢引きこもりの1割は一人暮らしである」という統計は、無視できないものだと思います。

暴力をふるうのは約1割、ほとんどが親のみに向かう

ワタル君（仮名）は反抗期のない、手のかからない子どもでした。何事も手を抜けないタイプで成績はトップクラス。友人もたくさんいる、元気な高校時代を過ごしました。大学は実力より少しレベルの高い難関大学を受験して失敗。浪人生活に入りますが、

予備校は本人が拒否し、自宅学習を選択。勉強はしているようでしたが、いざ受験となると自信が無かったのか、結局センター試験すら受けず。その後も本人の希望で浪人を続けますが、勉強するふりをしていたのは最初だけでした。

成人式は、スーツは買ったのですが、結局行けませんでした。一時は自ら週2回程度の飲食店のバイトをしたこともありましたが、3ヶ月でやめてしまいました。

そうこうしているうちに、親に威圧的な態度を取るようになり、お皿を割り、椅子を壊し、ついには親を蹴るようになり……と暴力が始まります。

高校を卒業して5年。ワタル君は23歳になりました。

食事は母親が部屋に運び、リビングに居る時は我が物顔。外出はずっとしていません。「これからどうするの」「働いたら」といった将来の話をすると殴られるので、最近はそういった話はしないようにしています。それでも何か気に入らないことがあると、家の物を壊すなど暴力が始まります。「お前のせいだ!」と殴ってくることもあります。

親は息子の機嫌を損ねないように、毎日ビクビクしながら暮らしている状況です。

私たちが受ける相談のうちおよそ1割に、物に当たる、手を上げるなどの暴力が伴います。暴言のみや、過去に暴力があって腫れ物に触るように対応しているご家庭を含めると、約2割というところでしょうか。ひどいケースになると、家の中はめちゃめちゃ、親も骨折など入院するほどのけがをしていたりします。

暴力は、親に向かいます。特に母親です。父親に向かうケース、母親と父親の両方に向かうケースもありますが、母親に向かうケースに比べれば多くありません。親への脅しに兄弟を使うことはありますが、実際に兄弟に手を上げるケースは珍しいと言えるでしょう。まして他人に暴力が向かうケースは稀です。

親に暴力をふるっている人のほとんどが、元来おとなしく、他人には言いたいことも言えないタイプです。親への依存や甘えがあり、自分では解決できないことを親のせいにして、暴力としてぶつけるのです。

女性も暴言暴力があるケースがあり、暴言だけなら男性よりも多い印象です。母親と娘の近すぎる距離感から、より甘えが出るのだと思われます。

親へひどい暴力をふるっている人を訪問することもありますが、他人である私たちに暴力をふるうことはほぼありません。訪問を続け、私たちが運営する寮に入ると、とても礼儀正しく、周囲に威圧的な態度など全く取らない人がほとんどです。

暴力を受けている親御さんは、真面目な方ばかりです。親としての自分の責任だと、何年も暴力を受け続けています。そうやって日常的に暴力を受けている親御さんには、感覚が麻痺してしまっている人が少なくありません。暴力のある日常という異常さに慣れてしまい、耐え続けてしまっているのです（二神能基《ふたがみのうき》著『暴力は親に向かう』〈新潮文庫〉参照）。

少し話は逸れますが、近年は引きこもりに関連する様々な事件も起こっていますので、ここで引きこもりと他者への暴力性についても、ひとこと述べておきます。

親兄弟への暴力と他人への暴力は、全くの別物です。親への暴力は甘えが根底にあります。兄弟への暴力は、兄弟自身に何かされたという直接の恨みの場合もありますが、親へのアピールや幼少期に比べられたなど、甘えと家族間のゆがみから来るものの方が多いでしょう。どちらの場合も無差別の攻撃性は持ち合わせておらず、他人に暴力が向かうことはありません。親へ暴力をふるう人が他人への暴力事件を起こすとは、ほぼ考えられないのです。

ただし本当に稀に、「事件を起こしそうだな」と思える相談もあります。実際に後々事件になったケースに触れた経験はないため、単なる予感でしかありませんが、割合としては３００件に1件くらいでしょうか。生きづらさを抱えていてストレスが溜まりやすい、ストレスが怒りの方向に出る、感情の起伏が激しい、発達障害や育ち方などの影響で感情の処理やセーブが難しいなど、様々な要因が重なっている方には、そういった心配を覚えます。子どもの頃から友達に手が出がちだったかどうかも、大きなポイントです。

普通に社会生活を送っている人の中にも、他人への攻撃性を持っている人はいます。「引きこもりが事件を起こす確率が高い」とは、全く思えません。一般より低い、または高く見積もってもせいぜい同じ確率だと思います。

引きこもりは病名ではない！

イブキ君（仮名）は21歳。元々おとなしいタイプで、友人はいても数人。高校ではいじめにあって不登校になり、通信制高校に転校して卒業しました。

卒業後はバイトをしますが、半年でやめてしまいました。初めての仕事のストレスと、久し振りに毎日人の中にいるストレスで、最後の方はかなりつらかったようです。退職後は何もせず家にいたのですが、しばらくして様子がおかしいと親が気付きます。外出すると、「今すれちがった人が、自分のことを笑った」などと言い出すのです。

親が病院に連れて行くと、幻聴や幻覚の症状があり、統合失調症という診断を受けました。薬を飲みながら1年通院しましたが、症状はあまり改善しません。人への恐怖心があり、この1年半は全く外出できずにいます。母親とは会話しますが、父親は単身赴任中でほぼ関わりがありません。兄とはゲームの話くらいはします。現在は母親だけが通院して薬をもらい続けており、家の中ではストレスも少ないせいか、幻聴は多少おさまっているようです。


このケースは、病気が原因の引きこもりです。ここからは、病気や発達障害など医療の分野のお話を少しさせていただきます。

私たちニュースタート事務局は医療機関ではなく、医療資格を持ったスタッフもおりません。創始者である理事の二神能基も、医療ではなく教育分野の人間です。相談を受けた場合でも、医療従事者でなければ対応が難しいと判断した場合には、こちらから支援をお断りしています。以下は、医療の専門知識のない者が、支援現場での経験だけからお伝えする内容となりますので、ご理解の上でお読みください。

「引きこもり＝病気」と勘違いしている方も時折見かけますが、引きこもりとは、半年間働かず、学校にも行かず、家族以外の人とあまり会話をしていないという「状態」を指す言葉です。うつや統合失調症などの精神疾患がある方も、ない方もいます。

内閣府の調査では、どこかに相談に行ったことがある割合は15～39歳で44・1％、40～64歳で44・4％。そのうち病院に行ったことがある割合は15～39歳で60・0％、40～64歳で75・0％でした。引きこもりのうち、およそ3割の人が病院に行ったことがあるという計算になります。実際、私たちが相談を受ける中で、発達障害も含め医療の関わりが必要だと思われる方の割合も、そのくらいです。

ですが個々のお話を聞くと、必ずしも医療の必要な人と医療機関にかかっている人が、合致しているとは思えません。病院のサポートが必要なのに行っていない人、必要がないのに通院して薬まで飲んでいるという人が、かなりの人数になるのです。

自分自身や我が子が病気であるとは、認めたくないものです。そもそも引きこもっていて病院にも行けないという人もいます。病院ではたいてい「本人を連れて来ないと、診断できません」と言われます。そのため、医療が必要でもかかっていない人がいます。

その一方で病院は、診察に来る人を拒みはしないでしょう。不安がある、眠れないと言われれば、軽い薬は出すことになる。そうやって意味なく通院している人がいるのです。

引きこもりは病気ではありませんが、引きこもりの中には一部病気の人もいます。ですが病気の人がきちんと通院しているとは限らず、また病気ではないのに通院している場合もあります。そこには常にミスマッチがあります。

引きこもり生活が病気を引き起こすことも

ケンジ君（仮名）は35歳です。学生時代は特に問題はなく、部活は運動部に所属、チームメイトとも仲良くやっていました。大学を出て就職しますが、仕事のハードさに耐えられず3年で退職。すぐに派遣で働きだすものの、気持ちが切れたようで、1年でやめてしまいます。そこから9年間は、仕事についていません。

最初の1年は友人と遊びに行くなど、出かけることもありました。ですがだんだん家から出なくなり、8年前からは家を出ることもなくなってしまいました。1日のほとんどを、自室でパソコンに向かって過ごします。家族との会話もどんどん減り、最低限度の返事しかしないようになっていきました。

引きこもり生活も5年が過ぎた頃から、少し違う症状が出始めます。やたら手を洗います。1日に何回も洗面所に来て、長い時間手を洗っています。お風呂も長く、最近では5時間くらい入っている時もあります。母親の手料理は食べず、買ってきたパンやお弁当にしか手をつけなくなりました。母親は毎日お弁当などを買いに行き、リビングに置いておくようにしています。食べ物を取りに来た時にたまに姿を見ると、病人のような生気のない顔をしていました。親は病院に連れて行きたいのですが、本人に聞いても「行かない」と言われてしまうので、どうにもできずにいます。


先ほどのイブキ君は、病気が原因で引きこもりになったケースでした。ケンジ君は引きこもっているうちに病気になったと思われるケースです。

想像してみてください。家から一歩も出ない、他人と話さない生活を、あなたは何年も続けていられますか？　引きこもり生活が肌に合う人もいるのは事実ですが、そうでない人にとっては、そんな生活は不健康なものでしかありません。そういう生活そのものが、病気の原因になることもあります。その結果、ケンジ君の場合は強迫性障害だと思われますが、こういった病気の症状があらわれてくるのです。

病気を持っている引きこもりは、引きこもる前から症状があった人と、後から発症した人に、大きく分けられます。症状が出始める年数は、人によってバラバラです。1年程で何らかの症状が出始める人もいれば、10年経って、という人もいます。それと同時に、家から出ない生活を20年続けても、病気の症状は一切ない人もいます。

そして、引きこもる間に、症状は変化していきます。職場の人間関係からうつになったケースで、引きこもって原因となる人間関係から離れたことで、症状がだんだんおさまった方もいます。逆に引きこもる間に、最初は手洗いが気になる程度だったのが、今度はお風呂の時間が長くなり……と強迫性障害の症状がひどくなる方もいます。

支援全体を考えるには、病気は引きこもる前からか後からか、全体の流れを把握する必要があります。ですが最初にどんな対処をするかは、「現在どんな生活をしていて、どんな症状があるのか」をきちんと知ることが大切になります。

まず医療にかかるべきか、投薬が必要か、入院すべきレベルなのか、それとも私たちの団体のような自立支援でいいのか、または親が対処できそうか。様々な可能性がある中で、最初の支援の担い手をどこにするかは、とても重要です。ですが病院も自立支援施設も、来る人をあまり拒まない印象があります。中には「ここに来る必要はありませんよ」「それより、こういう所へ行くべきですよ」と言ってくれる所もあるでしょうが、個々の施設や対応する人によるとしか言えません。

医療なのか自立支援なのか親でできるのか、「ここに行けばきちんと判断してくれる」と確実に言える機関は、どこにもないのが現状です。

「ほとんどは発達障害」って本当？

シンスケ君（仮名）は、現在20歳。おとなしいタイプでしたが、中学では友人は数人いました。高校では一時期不登校になりながらも何とか卒業。何もしない生活を送っていましたが、1年後に「これならできるかも」と倉庫の仕事を自分で見つけ、働き始めました。

自信が持てなかったのか、週2日という少なめの日数からスタート。きちんと出勤していたのですが、いきなり「やめたい」と言い出し、5ヶ月で退職しました。何があったのか、親には話してくれません。それから1年、引きこもり生活を送っています。

家族仲は良く、食事も一緒に取り、たまに家族で外食にも行きます。ですが1人での外出は全くありません。高校時代にいじめとはいかないまでも、からかい程度はあったようで、同世代の人への恐怖心が今もあるそうです。バイト先でも、色々とあったのかも知れません。

「今思えば子どものころから、『おや？』と思うことはありました。例えば『お茶碗を洗っておいて』と言うと、本当にお茶碗しか洗っていない。流しにある他のコップやお皿は洗わずそのままでした」と母親は言います。あいまいな指示をされても分からない、一度に複数の指示をされると最初の方は忘れている傾向があり、親は発達障害を疑っています。


引きこもりと発達障害も、よく混同される組み合わせです。「引きこもりのほとんどは発達障害だ」と言っている人もいますが、こちらが相談を受けている中で、検査をすれば発達障害の診断が下りるのではと思われるケースは、3割程度ではないでしょうか。

発達障害には、自閉症スペクトラムや注意欠陥多動性障害（ＡＤＨＤ）、学習障害（ＬＤ）などがあります。一時期よく耳にしたアスペルガー症候群は、自閉症スペクトラムのタイプの一つに分類されています。

持っている症状も様々です。自閉症スペクトラム一つを見ても、会話がほぼ成立しない人から会話に問題はない人、勉強も普通にできる人とできない人、教科によってひどく凸凹がある人などがいます。複数の情報から取捨選択できないタイプにも、情報が目に入っていない人だけではなく、他のたくさんの情報も一緒に頭に入ってきてしまい選べなくなる人もいます。一人一人を見て、その人の持つ特性を見極めるしかありません。

シンスケ君のケースでは、親御さんが発達障害ではと疑っていますが、全く気付いていない方や、話を聞く限りこちらはそう思えないのに「うちの子は発達障害だと思います！」とおっしゃる方もいます。自ら診断を受けに行った方は少なく、病気と同様、必要な方がきちんと病院に行っているとは言えない状況です。

また通院しているのに適切な対応を受けていない場合もあります。精神科や心療内科もそれぞれ得意分野があり、どの病院でも一律の対応をしてもらえるとは限りません。発達障害の深い知識を持たず、ただ何となく薬を与えられているだけの場合もあります。病院は、発達障害を診療分野に掲げている所を選ぶ方がいいでしょう。

発達障害とは何なのか、ただの性格や特性ではないのか、診断を受けることに何の意味があるのか、という問題があります。これには人や団体によって様々な考え方があります。本人が障害をどう捉えるかの問題もあります。

私たちの場合は、「一般就労が可能か、障害者雇用の方がいいか」を判断基準にすることが一番多くなります。いつかはいなくなる親の元を離れて自分で生きていけること。これが私たちの支援目標の大部分を占めているので、就労の問題には必ず直面します。障害者雇用となると私たちだけでは対応できなくなるため、ここが大きな境目なのです。

障害者雇用でなければ就労できないだろう、継続しないだろうと思った場合は、発達障害の診断を受けるために医療につなげます。診断を受け、障害者手帳を取得することにより、臨床心理士やケースワーカーの方とつながり、就労移行支援やA型B型事業所（雇用契約を結ぶのがA型、結ばないのがB型）が利用でき、障害者雇用や障害者年金の可能性を探るなど、将来の選択肢が広がるのです。

発達障害が何なのか、私たちもよく分かっていません。発達障害という診断名は、それ自体に意味を求めるのではなく、困っている当事者が利用できる支援を増やし、可能性を広げるためのもの、と捉えています。このような発達障害の捉え方は、私たちの支援内容から出てくるものですので、一つの参考程度にお考えください。

発達障害の話で欠かせないのが、「ボーダー」と呼ばれるぎりぎり障害の診断が下りない人たちです。障害ではないと判断されても、やはり生きづらさを抱えています。ですが診断が下りないため、医療も福祉も利用しにくく、行き場がないことが多いのです。

発達障害と病気が混在すると判断が難しくなる

ツネオ君（仮名）は21歳。子どものころから相手に合わせられないタイプでした。物の考え方にも、こだわりがありました。会話がどうしても一方的なものになり、小学生の頃からいじめにあったようです。中学では不登校になり、高校は通信制を選択。集団の中にいるのが難しいからと、サポート校に他の子と時間をずらして通い、先生とほぼ1対1で面倒を見てもらい、何とか卒業しました。

卒業後はバイトをしようとしましたが、本屋など自分が好きで行くお店ばかりに応募します。接客業になるので難しいと親は止めたのですが、本人は聞き入れません。案の定受からない、受かっても続かない、の繰り返し。そのうち引きこもりが始まり、もう2年になります。コンビニや散髪程度の外出はしています。父親のことは避け、母親とはよく話します。ただ気に入らないことがあると母に声を荒らげることもあります。怒る理由は、好きな食べ物がないなど、子どものようなものです。

問題は、家の中で声が聞こえる、うるさい、などと言っていることです。幻聴の症状があると思われます。この状態で病院に行くと、統合失調症の診断を受ける可能性が高いでしょう。薬も出るものと思います。そうして治療をすれば引きこもりから脱出できると親御さんが勘違いすることがありますが、実際はそうは行きません。「薬が効かない」と通院をやめてしまう方もいます。

確かに今は統合失調症の症状が出ており、その治療は大切です。ですがその根底には、恐らく発達障害があります。周囲とうまくいかず引きこもるに至った原因は、発達障害によるコミュニケーションの難しさであり、統合失調症はその二次障害だと考えられます。ですから、統合失調症だけを治療しても、会話が一方的な状態がそのままなら、人の中でやっていけず、バイトなどができるようにはなりません。

病気だけでも発達障害だけでも、対応はぐんと難しくなります。ところがその両方の傾向がある方が、実はとても多いのです。発達障害がある方は、抱える生きづらさからストレスが多く、病気を発症しやすいのかも知れません。

親御さんがそのことに気付いていないことも多々ありますし、通院していても発達障害の話は全くされていないという方もいます。発達障害の話は、当人が疑って、そうではないかと聞くまでは、医者の側からは検査をしましょうとは言えないのかも知れません。そう思えるほど、「発達障害の可能性もありますから、今の症状が落ち着いたら検査をしてみる方がいいですよ」とお伝えすると、驚かれる方が少なくないのです。

決定的な解決策などない

この章では、様々な引きこもりの姿をお伝えしてきました。これだけでも引きこもりの多様性はお分かりいただけたかと思います。

引きこもりになるきっかけは、いじめや、人間関係のトラブルや失敗、病気など、様々なものがあります。それどころか、「家を出る理由もなかったから」「何となく」という人すらいます。外出できる人できない人、自室からもほぼ出ない人。家族との会話がある人とない人。年齢や年数も様々な上、病気や発達障害のある人もいます。この中でどのタイプが特に多いということはなく、どのタイプも比較的まんべんなくいます。引きこもりを一つのパターンにまとめることはできないのです。

それはすなわち、引きこもり支援の難しさでもあります。到底親だけでは対応し切れず、支援者も単独では難しく、複数の機関で協力して関わらなければ解決に至らないケースも、たくさんあるのです。医療と福祉と自立支援。引きこもり支援と就労支援。公的機関と民間団体。どの支援をどう使うのか、1箇所にするのか複数使うのか。これは次の章で触れていきたいと思いますが、実は今はたくさんの選択肢があります。引きこもりは多様化してはいますが、支援も多様化しています。適した支援をうまく使えば、かなりの数の引きこもりは解決するのではないかと思います。

ただし、マッチングはあまりうまくいっている印象がありません。現状では引きこもる当人やその家族が支援を選ぶ形が主流です。私たちニュースタート事務局を含め支援側は、支援を求めて来る人を待つ立場です。

ですが当人や家族が引きこもりの多様性を把握し、その中で自分たちがどこに位置するかを正しく判断し、適した支援を選ぶのは至難の業でしょう。このミスマッチゆえに、引きこもりはなかなか解決しないのです。

第2章　どこに相談すればいいのか

子どもが、自分が、引きこもりになった。そんな時、まずどこに相談しようと思いますか？

第一の選択肢は病院

内閣府の調査では、引きこもっている人のうちおよそ44％に、どこかに相談した経験があります。その内訳は、15～39歳では病院・診療所60・0％、職業安定所などの就労支援機関33・3％、児童相談所などの児童福祉機関13・3％、心理相談・民間の機関13・3％、精神保健福祉センター、発達障害者支援センター、その他がそれぞれ6・7％です。

40～64歳では病院・診療所75・0％、職業安定所などの就労支援機関18・8％、生活困窮者向けの相談窓口12・5％、民間の機関、精神保健福祉センター、保健所・保健センター、ひきこもり地域支援センター、当事者の会・家族会、その他がそれぞれ6・3%です。どちらも複数回答可なので合計が140%台になりますから、複数の場所に相談に行っている人が多数いることになります。若年齢は児童相談所が入り、高年齢は生活困窮者窓口が入っていますが、どちらも病院・診療所が一番多く、次が就労支援機関。これで90%以上になります。

この調査は本人が対象で、親御さんが相談に行く先は、少し違う可能性があります。また現在も引きこもり状態にある人のみの数字となっており、今は引きこもり状態を脱した人の相談状況は不明です。解決法を探るなら、それこそ大切だと思うのですが……。

少なくとも現在引きこもっている当事者は、半分以上が相談をしたことがありません。そして相談経験がある人は、およそ6~7割の人が病院へ、2~3割は就労支援機関へ行ったことがあります。病院の割合は、特筆すべき高さです。

第1章でお伝えしたように、引きこもり自体は病気ではありません。仮に病気の症状がある、あるいは発達障害と思われるなら、病院に行くのが適切です。そこをきちんと対処することが、引きこもりからの脱出につながる可能性が高いからです。薬で体調が整う、医者や臨床心理士などに話を聞いてもらう、行く場所ができることで、動き出せる人もいます。

ですが引きこもりの人全員がどこかに相談すると仮定して、病院が果たして6割もの人に効果があるかと言われると、疑問を感じます。私たちに届く相談で病院が効果的と思われる人たちは、体感的に言って3割程度だからです。病院は治療を受けるべき人が行くにはいいのですが、そうではない場合は注意しなければなりません。時には必要とは思えない薬を飲み続けているケースも見かけます。

また、病院に行くべき人であっても、病院との付き合い方の問題があります。医者と患者とは言え、個人と個人ですから、どうしても相性があります。特に精神に関わる部分は、患者の言葉がとても大切になります。相性が合わず、自分の本音を言えない関係では、適切な診断や治療はできません。また薬についても、効きすぎる、効かない、副作用があるなどきちんと状況を伝えて、量を調節したり薬を変えたりというやり取りが必要になります。

医者も薬も、患者の言葉を頼りに適正なところを探すもの、という印象を私たちは持っています。ですが1回行っただけで嫌になって通院をやめてしまう方や、出された薬を我慢して飲んでいる方などがいます。これでは病院に行ったとしてもうまくいきません。

適した人が、適した利用をすれば効果的なのが、病院という場所です。そしてその適した人は、引きこもりのうち3割程度と私たちは見ています。

最初の相談場所として病院は大切な選択肢の一つです。ただし、自分に適しているのかどうか、そしてその付き合い方は十分に考えていただければと思います。

ハローワークとサポステ

行政は様々な支援施設を作っており、ほぼ無料で利用ができるようになっています。支援内容は、大きくは「就労支援」と「引きこもり支援」に分けられます。

まずは就労支援について記します。仕事に就けば引きこもりの定義から外れますし、仕事でつまずいて引きこもりになった人も多いため、次の仕事がスムーズに進めば当人の悩みもだいぶ解消されます。引きこもりを脱出するには、就労支援は大切です。

実際、内閣府の調査では、相談先でも就労支援機関は第2位で、2～3割を占めています。これには、職業安定所（ハローワーク）、地域若者サポートステーション（通称サポステ）、ジョブカフェ、しごとセンター、ジョブサポートセンターなど、国や都道府県などの行政が管轄・運営する、就労のサポートをしている機関が全て含まれるのではないかと思います。

就労と考えて最初に頭に浮かぶのが、ハローワークでしょう。ハローワークは厚生労働省が全国に設置し、都道府県の労働局が管轄しています。求人情報を見ることができ、相談にも応じてくれます。失業保険など雇用保険に関する申請もここでできます。その他職業訓練やセミナーなど、様々な情報が集まっています。求人に応募する場合はハローワークに登録し、応募したい求人に対し、ハローワークからの紹介状をもらう必要があります。引きこもりに限らずたくさんの求職者が集まる場所なので、ある程度自ら動き、職員に話しかけていける人でなければ活用し切れないかも知れませんが、情報量はピカイチでしょう。

同じく厚生労働省の事業で、都道府県の労働局が管轄するのがサポステです。こちらも全国にあり、現在全国170箇所以上、東京都だけで9箇所も設置されています。ただしサポステは、民間団体や企業が受託して運営する形を取っています。私たちニュースタート事務局も、事務所を構える千葉県市川市のサポステを長年受託運営しています。

サポステの基本事業は、無料の就労相談です。ハローワークと違って、就職のあっせんは行いません。ですが必ず担当がつき、丁寧に相談に乗ってくれます。1人の担当者との継続的な相談が基本ですから、自分という人間を知ってもらいながら、アドバイスをもらうことができます。その他、講座やセミナー、企業体験など、各受託団体が考えて実施しています。

サポステの特徴は、対象者が決まっていることです。例えば名称に「若者」と入っているだけあり、年齢制限があります。ただこの年齢制限は流動的です。私たちが事業を受託しはじめた当初は、15～34歳が対象でした。それが途中で39歳までになり、2020年度からは就職氷河期世代支援の一環で49歳に上がりました。これが一時的なものなのか、今後も対象年齢の広がりが続くのかは、現時点では不明です。

またサポステは、それぞれ運営団体が違うため、企業とのつながりに力を入れている所か、中でのセミナーが充実している所か、雰囲気はゆったりしているのか、活気があるのかなど、それぞれのカラーがあります。幸いサポステは居住地による利用制限はありませんので、自宅から近いサポステが合わないなと感じたら、自分に合う別の所を探してみる方がいいでしょう。サポステはハローワークに比べて持っている情報は限られますが、決まった担当者が丁寧に相談に乗ってくれますので、ハローワークで情報を得てサポステで相談する、という使い方もできます。

ジョブカフェ

続いての行政による就労支援は、ジョブカフェです。ハローワークとサポステは国が設置しているのに対し、ジョブカフェは都道府県が1箇所程度設置しています。

ジョブカフェとは、原則として15～34歳の人を対象に、「就職支援をワンストップで行う」ための施設です。ハローワークのように求人情報も見ることができ、サポステのように相談にも力を入れており、セミナーもよく開催されています。ただし都道府県によって支援体制は異なり、名称もジョブカフェとは限りません。例えば東京都の運営するジョブカフェは、名称が「東京しごとセンター」です。年齢も34歳まではなく、55歳以上のシニアコーナーまであります。千葉県のジョブカフェは、名称が「ジョブカフェちば」で、年齢は原則として39歳までとなっています。

ジョブカフェは、ハローワークとサポステの両方の機能を持っていますが、各都道府県に1箇所程度で、またそれぞれ対象年齢すら違う状況になっており、地域差がかなりあります。利用そのものは、他県のジョブカフェも可能です。通える範囲に利用できる充実したジョブカフェがあれば、一度行ってみてもいいのではないかと思います。

またハローワーク、サポステ、ジョブカフェ以外にも、たとえば千葉県には「千葉県ジョブサポートセンター」というハローワーク内に千葉県が設置した相談場所もあり、ハローワークと連携した支援を提供しています。こちらはシニア層まで利用できるので、東京都は東京しごとセンター（ジョブカフェ）に全年齢層の支援を集約したのに対し、千葉県はジョブカフェとジョブサポートセンターに分けたというところでしょうか。このように、都道府県ごとに支援の展開はかなり違うようです。

ハローワーク、サポステ、ジョブカフェなど、無料で使える公共の就労支援には様々なものがあります。また派遣会社や人材紹介会社などにも、企業側から紹介料を取るため、利用者側には相談やセミナーを無料で提供している所が多数あります。就労に関するサポートは、地域によりますが、かなり充実していると言えるでしょう。

行政の引きこもり支援とは

無職で、友人もいないため家族以外との会話がほぼなく、でも外出は普通にでき、就労意欲もある。こういうタイプの引きこもりの方であれば、ちょっと勇気を出して窓口の人に話しかければ、支援を受けることができるでしょう。

ではなぜ、就労支援機関での相談経験者が２〜３割に留まっているのでしょうか。それは、相談にも行けない人や、就労意欲が全くない、またはまだ就労が厳しいと感じている人が、かなりの数に及ぶためと思われます。

病院もそうですが、就労支援機関も、本人に来てもらわなければ何もできません。サポステはこの中でも比較的、すぐ就労というレベルではない人にも対応していますが、やはり本人の継続的な来所が必須となります。

私たちの運営するサポステでも、必要に応じて親御さんの相談も受けますが、その場合は、ご本人に伝えてもらうための説明と、ある程度のアドバイスが精一杯です。例えば親御さんのご依頼で自宅を訪問して、来所意欲を持ってもらうといった行為は、厚生労働省が定める事業内容に含まれません。本人を動かす役割は、あくまで親御さんです。

また来所が途切れてしまった人にも、できることはフォロー電話程度です。例えば電話にも出なくなってしまった人には、何もできません。

相談内容も、基本的には就労に関するものに限られます。就労したいけど自信がなくて何もできない……という方であればまだいいのですが、就労したくない、はなから無理だと思って相談する気もない人には、こちらも成す術《すべ》がありません。就労支援機関が提供するのはあくまで就労支援であり、対象となる就職転職希望者は、引きこもりと一部重なりますが合致はしません。就労支援＝引きこもり支援ではないのです。

様々な意見もあるとは思いますが、この方針には大筋賛成できます。支援の場に通って来ることもできないのであれば、就労は程遠いからです。例えばサポステの支援期間の目安は、登録から6ヶ月で就活開始、そこから6ヶ月で就職と、およそ1年です。しかも雇用保険の対象となるような雇用でなければ、就職者にカウントされません。通うことも難しい状態から1年でそこまで持って行くのは大変で、本人のやる気にかなり左右されてしまいます。事業モデル自体が引きこもり支援とは違うのです。

そこで行政は、就労支援とは別に、引きこもり支援も実施しています。それがひきこもり地域支援センターと、市区町村などが行う引きこもり支援です。

ひきこもり地域支援センターは、ハローワークやサポステと同じ、厚生労働省の事業になります。２００９年から始まった「ひきこもり対策推進事業」の一環として、全都道府県に加え、政令指定都市に設置されています。また市区町村単位でも、保健所や精神保健福祉センターなどで、引きこもりの相談に乗ってくれます。

就労支援と引きこもり支援の一番の違いは、親や家族からの相談も受け付けているということです。ひきこもり地域支援センター、市区町村の引きこもり相談窓口のホームページなどには、対象者に本人またはご家族といった明記がされています。恐らく、相談者の大半が親御さんではないかと思います。

もう一つの違いは、利用に居住地の制限があることです。就労支援では、他市や他県の支援施設が利用できるのに対し、ひきこもり地域支援センターであれば「〇〇県にお住まいの方」「〇〇市にお住まいの方」といった利用制限があります。

就労支援ですと、例えば千葉県に住む方が東京都で就職したい場合は、会社の情報は東京都の就労支援施設に多くありますから、東京都内の施設に通う方が妥当です。

ですが引きこもり支援は、そこの線引きがはっきりしています。先々で本人が通えるようになった時のことを考えても、通いやすい場所であることは大事です。

ただ、問題もあります。子どもの引きこもりのことは隠していて、知り合いに会いたくないから地元では相談できない、という方も一定数いると思われます。実際に私たちの講演会でも、自分の住む県でも開催しているのに、わざわざ他県の回に参加する方がいらっしゃいます。こういった方は、市の相談窓口ではなく県の支援センターに行く、民間団体を選ぶなど、自分で工夫するしかないでしょう。

ひきこもり地域支援センターや市区町村の相談窓口の基本目的は、本人や家族の相談を電話や来所で受け、適切な機関につなぐことです。それ以外は各施設によって違いますが、親の集まりや勉強会、当事者の集まりを開催していることが多いです。家庭を訪問してくれる所もありますが、まず電話で本人と話し訪問してもいいか聞く、または1回目の訪問時に次回を希望するか聞くなど、本人の了承が必要なことがほとんどです。企業とつながり相談者を受け入れてもらうなど、独自の試みをして結果を出している所も最近はありますが、やはり支援内容の充実度は施設によって差があります。

ひきこもり地域支援センターや市区町村の引きこもり相談窓口は、以前は年齢制限を設けている所が多くありました。ですがここ数年、高齢引きこもりの問題が表面化したため、今は年齢の上限を定めている所はあまり見受けられません。現在は40代50代の方の相談も受け付けてくれるようです。

もう一つ覚えておくべきは、2015年に始まった「生活困窮者自立支援制度」です。厚生労働省の事業で、相談窓口は市区役所や地域包括支援センターなどになります。対象者は生活困窮者で、生活保護の手前の人たちを支援する内容ですが、引きこもりの支援にもなり得ます。例えば子どもが引きこもっていて、親のわずかな年金だけで生活し、将来の困窮が目に見えているような家庭なども対象となります。支援員による訪問や、就労に向けた支援を受けることができます。

引きこもり支援の対象が親や当人など個人なのに対し、生活困窮者支援は世帯への支援という印象です。親が抱える問題の対応も一緒にしてくれるため、家族の状況によっては、ただの引きこもり支援より適している場合もあります。ただし支援をどこまで実施するかは任意なため、支援内容は市区町村により差があります。

各都道府県にあるひきこもり地域支援センター、市区町村が提供する引きこもり支援と生活困窮者支援。これが行政による引きこもり支援になります。

ただし、サポステは２００６年から設置されているのに対し、ひきこもり地域支援センターは２００９年からです。行政による引きこもり支援が活発に行われるようになってからも、まだ5年程度という印象です。窓口は出揃いましたが、一部の結果を出している施設からノウハウを吸い上げ、全体に浸透させていくには、まだ時間がかかるでしょう。

「親の会」を過信するなかれ

引きこもりの親の会や家族会は全国にたくさんあり、中には全国組織となっているものもあります。活動内容はさまざまですが、基本は引きこもりで悩む親たちが集い、自分たちのことを話し合う場です。親たちが自主運営していますので、費用は年会費3000円、個々の活動に参加する都度1000円など、安価です。本人参加は無料というのもよく見かけます。一番大きい組織は「NPO法人KHJ全国ひきこもり家族会連合会」になりますが、ここは行政の政策に意見を直接述べるほどの存在感があります。

悩んでいる親御さんたちが集まり、話をして、情報を得ることは、基本的にはいいことなのですが、注意すべき点もあります。

私たちへの相談でも、どこかの親の会に参加したことがあるという方が、時々いらっしゃいます。参加して比較的すぐ違和感を覚えてやめた方と、5年10年と参加したけれど解決しないので他所に相談に来たという方の2通りに、大きくは分けられます。

前者の方たちの話を聞くと、引きこもりの子どもを持つ親御さんという一般の方々が主催する会であるところに、弱点があるように感じます。心理学のプロではない方が会を進行するため、うまく輪に入れない人が出てしまいます。すでにお伝えしたように、引きこもりもかなり多様化していますが、自分たちが接した数少ないケースの方法論だけを参加者に伝えているな、と思えるケースもあります。

また不幸自慢のような話を繰り返す、一緒に耐えるための集まりになっているのではないか、と思えるケースもあります。最も悪い例になると、我が子にいい兆しが出て会で報告したら一斉に言葉の攻撃にあった、という話もありました。親の会は基本的には、親という当事者の集まりです。支援機関ではないのですから、そこは過信しない方がいいでしょう。自分が会に何を期待するのか考え、どういう雰囲気の会なのか、成功例をどれくらい持っているのかなどを吟味して参加する方がいいのだろうと思います。

後者の長く参加していた方のいる団体について言えば、親御さんの変化が本人の変化につながるとは限らない、という前提を理解していないように感じられます。親の会のホームページを見ると、「親が変われば子どもも変わります！」といった内容がよく書いてあります。ですが引きこもりに限らず、親の変化で100％子どもが変わるなどということはありません。親の変化を全く意に介さない、反抗心から「親の提示するものはとにかく拒否」と決めている、これまでの経緯から親の変化自体を信頼できないなど、親の変化が子どもの変化につながらない要因は色々あります。

それでも時間をかけて頑張れば……と思う方もいらっしゃるのでしょうが、多少割合が高くなったとしても、決して100％にはなりません。引きこもりは多様化し、同時に解決策も多様化しています。親の変化はその解決策の一つという位置付けでしかなく、親に関係なく第三者が入るしかないというケースもあるのです。

親の会が居場所を提供したり、本人の集いを開催したりしていれば、そこに本人を参加させるパターンもよくあります。ですが親と本人は違う人間で性格も違いますので、「親の居場所＝本人の居場所」になるとは限りません。次のつなぎ先がなければ、そこで停滞します。

何十年も生きてきた親が急に変わるのは大変です。変わったつもりでも一皮むけば全く変わっていない、という親御さんを私たちはたくさん見て来ました。本人への影響を考える手前の所で、止まってしまっているのです。ついでにお伝えすると、引きこもっている本人の方が、若い分だけ刺激や環境によってあっさり変化していきます。寮生活で子どもが先に変化し、それを受け入れる形でやっと親が変化するというパターンも珍しくありません。「親より本人の方が変化しやすい」が、私たちの感覚です。

親が変われないかも知れない、親が変わっても本人は変わらないかも知れない。それが現実ですが、それでも親が変化を試みること自体は悪くはありません。しかし本人に動きがないまま親御さんは会の居心地がいいので何年も通い続け、結果として引きこもりが長期化するという、会がマイナスに働いてしまっているケースもあります。

親の会で似たような境遇の方々に会い、親御さんは自分だけではないと安心することでしょう。そんな親御さんの安心感はプラスにもなりますが、時として判断を鈍らせ、マイナスに働きます。多様な解決策の一つには、「親が焦り、必死になって本人に向かう」というものもしっかり含まれるのです。

親が安心することがいいとは限らない、このことは頭に入れておくべきでしょう。

当事者会は、親の会以上に「相性」が大事

親の会があれば、当事者会もあります。主催はやはり、当事者や元当事者が中心です。親の会が当事者会も開催するケースは多いですが、当事者会が親の会も開催というのは、私は覚えがありません。

当事者会はここ数年、かなりの勢いで増えています。インターネットではたくさんの当事者会の呼びかけを見ることができるようになりました。どうしても大都市が中心にはなりますが、地方都市にもあります。対象も普通の引きこもりや引きこもり経験者のみとしている会が多く、女子会や中年引きこもりなど、対象をかなり限定したものもあります。内容はただ集まって何となく一緒に過ごす居場所作り的なものから、お茶会形式、自分の経験を語るスタイル、話し合いを主とするもの、助け合って先に進むための自助グループ的なものまで、様々なスタイルがあります。自前の場所を持っている所はめったになく、飲食店や貸会議室などを利用している所がほとんどです。参加費はどれも500円や1000円、場所代・飲食代の実費程度と、かなり安価です。

当事者会を色々紹介するようなサイトもあり、大都市であれば、自分と似た経験をしている人たちの会や、自分の目的に合う、または自分の居心地のいい会を探すことができます。近年は、当事者会が言葉を発信できる場も増えました。これまではブログなどで個々が発信していたのですが、当事者会の声が集まったサイトや冊子を見ることができるようになりました。有名なのはサイトと冊子の両方を持つ「ひきポス」です。

このように、当事者の声を読める場、当事者が行ける場がたくさんある現在ですが、やはり問題はあります。

1つ目は、親の会と同様、場に馴染めない人が出てしまうということです。一口に引きこもりと言っても色々ですし、考え方もそれぞれです。合う合わないは、どうしてもあります。まして当事者会は、一般的な社会生活を送っている人たちが集う親の会と違い、デリケートな人や攻撃的になる人、全く話せない人など、様々なタイプが混在してきます。主催者側にしてみれば、支援団体ではないのですから、「来た人を必ずきちんと受け入れ、場に馴染むようにリードしなくてはならない」という縛りはありません。いざ当日になって出かけられないという人もいて参加人数も読めない中で、会の空気をどう作るかは、親の会よりももっと大変です。

当事者会は、親の会以上に、自分に合う場を求めて探すものだと思います。結果として、どこに行ってもうまく馴染めず、当事者会を渡り歩くことになってしまう人もいます。また地方だと会の数が少なく、そこが合わなければ次の行先がない場合もあります。

問題の2つ目は、やはりそこにも行けない、行かない人がたくさんいることです。会の情報そのものは昔よりも見つけやすくなりましたが、高齢引きこもりの人などにはインターネットをやっていない人もいますので、必ず情報が届くというわけではありません。やはり自ら探さなければ、当事者会の情報は入手できません。

外出自体が難しい人もいます。インターネット上でやり取りする所であれば、出かけられなくても参加できます。ただどちらにしろ、会の情報を探し、会の主催側に連絡を取り……と能動的な動きが求められます。そこでくじけてしまう人も多いでしょう。

そして、当事者会を求めない人も、かなりの割合でいます。自分を引きこもりとは思っていない人や、安定した引きこもり生活を送り変化したくない人もそうでしょう。当事者会は、行政や支援機関が求められるものを想像して提供するのと違い、当事者自身が自らの欲しいもの、引きこもり当時に欲しかったものを提供します。地方格差、会に馴染めるか、当事者会にも行けない人など、問題はありますが、当事者会はここ最近で増えてきており、しばらく発展が続くでしょう。できればこのまま統制されず、いろんな会がバラバラな状態で乱立する方が、間口が広がっていいのではないかと個人的には思います。

親の意を挫く「本人が来てくれないと」という言葉

ここまでいくつかの引きこもり支援を挙げてきました。ですがどれも、いざ解決に向けて動き出そうという段階になると、本人の来所などが必要になります。

病院は、本人が来なければまず診断ができません。ハローワークやサポステなどの行政の就労支援も、本人が行かなければ支援が受けられません。

ひきこもり地域支援センターなどの行政の引きこもり支援や親の会、家族会などは親が相談できる場ではありますが、本人を動かすことそのものは親に委ねられます。訪問をしてくれる所もありますが、本人の同意が必要、あまり回数は来てくれないなど、限界があります。しかも大きく成果を上げたという話はあまり聞こえてきません。そして当事者会もやはり、本人が参加しなければなりません。

この「本人の参加」が、相談に足を運ぶ親御さんにとって、とてつもなく高いハードルになるのです。最初から「ご本人がいないと」と言われてしまう所もあれば、ある程度までの相談は受けてくれても具体的な支援については「ここからは本人が……」となってしまう所もあります。引きこもっている本人が親の呼びかけですんなり動くケースは稀です。

引きこもり支援に立ちはだかる、「本人を連れて来て」という高い壁。ここで諦めてしまい、「そのうち本人がその気になってくれれば」と見守りに入ってしまう親御さんが、かなりの数いらっしゃいます。

ではどうしたらいいのかと考えた時に、民間の引きこもり支援があります。私たちニユースタート事務局も、ここに入ります。

民間の引きこもり支援の形態は、通所、寮、訪問に大きく分けられます。通所型は、自宅から本人が通い、相談、ワークや講座、就労体験など様々な支援を受けるものです。体験内容は、就学や高卒認定に向けた学習支援がある所、就労に向けた仕事体験を中心とする所があります。自前の就労体験場所を持っている所もあれば、企業と提携してそこでの体験を中心としている所もあります。好きな時に通える居場所を設けている所もあります。

寮は上記のような支援を、寮で共同生活しながら受けます。相部屋か1人部屋か、寮母さんがいて食事が出てくるか自分たちで作るかなど、生活支援の内容も様々です。

訪問は言葉通り、自宅や一人暮らしの部屋に訪問してくれます。通所や寮の支援、その他関係がある機関の支援につなぐことを目的とする場合、とにかく話し相手となり、心を開いてもらうことを目的とする場合などがあります。訪問員も、臨床心理士の資格を持つ人、ピアサポーター（元当事者など、同じような立場にあった人がサポートしてくれる）など、いろいろです。

ＮＰＯ法人、株式会社、個人など、支援者は様々な形態があります。行政や企業から助成金等を受けていたり、寄付で賄ったりしている所は安く支援が提供できます。ですがそれはほんの一部で、ほとんどの団体は親御さんからのお金で運営費を賄っています。

もちろん支援の種類はもっと様々です。民間支援には特に決まりはありませんから、それぞれの団体ができること、必要だと思うことをやっている状況になります。例えば私たちニュースタート事務局の支援内容は、寮と訪問になります。寮は１人部屋で、就労に向けた仕事体験が主です。一人暮らしを目標に、料理なども寮生たちでやります。訪問支援は外につなぐことを目的とし、訪問員はニュースタート事務局独自の講座を受けた人です。受託運営しているサポステでは通所相談がありますが、ニュースタート事務局では通所支援は基本的に行っていません。特に助成金は受けておらず、親御さんからいただく料金で運営しています。

このように、それぞれの支援団体が自分たちの考える支援を行っています。民間団体には、行政の引きこもり支援よりも歴史が長い所や、行政にはできない支援を行っている所がいくつもあります。行政の引きこもり支援で、寮を運営している所はほぼありません。短期で宿泊場所を利用して行うプロジェクトなどはありますが、寮でじっくり集団生活をさせて……と思ったら、民間を選ぶことになります。

「本人が来てくれないと」と言っていては支援なんかできないことは、民間はよく分かっています。ですからそのハードルに関係ない支援をしている所が多くあります。例えば私たちニュースタート事務局は、訪問支援に本人の了解を取り付けません。拒否されても訪問を繰り返し、突破口を作っていきます。

地域や金銭面の問題を無視して、という仮定の話にはなりますが、ここまでご紹介した支援を適正に利用すれば、実は7、8割の引きこもりには対応できるのではないかと個人的には思っています。逆に言えば、引きこもりの数がここまで多いのは、地域格差や金銭面、そして支援とのミスマッチがあるからです。

「引き出し屋」はなぜ存在するのか

ここ数年、引きこもりを強引に家から出す「引き出し屋」が話題になっています。親御さんの依頼で本人に予告なくいきなり家に行き、その場で強引に説得して自分たちの施設に連れて行く様子がテレビなどで流れているのを見た方もいらっしゃるでしょう。行った施設内で支援とは思えない扱いを受けたという話も聞こえてきます。民事裁判のみならず、刑事裁判になった施設もあります。

どんな組織を「引き出し屋」として問題視するか、はっきりとした線引きはありません。例えば、1回の訪問で連れ出すことが必ずしも悪いとは言えません。私たちがその手法を避けるのは、入寮後の対応が難しくなるからです。支援内容の合う合わないもありますので、誰か1人の感想で全てを判断することはできません。ただ、伝え聞いた限りでは、確かに悪質と思える組織があるのは確かです。

なぜ「引き出し屋」と呼ばれるような業者が出てきたのでしょうか。大きくは、2つの理由があると思われます。

理由の1つ目は、支援に関する情報が行き渡っていないことです。本書で記しているような情報をご存知ない親御さんや当事者がたくさんいます。引きこもり支援の現状について、総合的に教えてくれるところもほとんどありません。行政の相談窓口に行っても、同じ行政が運営している所か、直接のつながりがある所しか教えてはくれないのが実情です。例えば私たちは千葉県市川市を拠点に活動していますが、「市川市から紹介を受けた」という相談者にはこれまで会ったことがありません。逆に「市川市に相談してもここの話は全くしてくれなかった」と言われたことならあります。

少なくとも成人の引きこもりは、行政ではなく民間団体や病院などがバラバラに支援を実施しリードしてきた歴史があります。最近話題の中高年引きこもりも、民間では10年も前から警鐘を鳴らしていましたが、行政は家族会の調査を受けてやっと動いたという感じです。ですから、行政の引きこもり相談に行っても、あらゆる情報が出て来るというわけではないのです。

また相談経験者が一番多い病院も、基本的にはよその紹介をする所ではありません。こうなると、悩んでいる人は、自分で情報収集するしかなくなります。インターネットやメディアなどの限られた情報で、支援を探すことになるのです。すると、どうしてもミスマッチが起こる上、広報がうまいだけの所に引っかかりやすくなってしまいます。その結果、「引き出し屋」に依頼してしまう人が出てくるのです。

理由の2つ目は、「動かせる支援」が少ないことです。

先にお伝えしたように、病院や就労支援は本人の意志抜きには利用できませんし、行政の引きこもり支援や親の会も最後は本人の意志に阻まれがちです。巷にある引きこもり支援のほとんどが、元々動く気があった人か、親の働きかけによってその気になった人などに向けてのもので、どうしても動く気になってくれない人には対応できない、「動かせない支援」なのです。

そこに対応できるのは民間で「動かせる支援」をしている所になるのですが、やはり情報が少ないため、そういう支援がすんなり見つかるものでもありません。しかも何とか見つけても相談に行くにはなかなか勇気がいる上、安くはない費用がかかることがほとんどです。複数の支援団体を見つけた時は、どちらを選べばいいのか指標も何もなく、親御さんの判断に全て委ねられてしまいます。結果として、どうしようもないまま本人がその気になるのを待ち、時間だけが過ぎているケースがたくさんあります。ここから引きこもりの長期化に繋がっている人がたくさんいます。

そうやって子どもを動かせないまま時間が経つ、または時間がどんどん過ぎることを恐れると、親御さんは「多少強引であっても、何とかしてくれそうな支援」に飛びつきやすくなるのです。そんな心理の時にたまたま知った民間支援団体が「引き出し屋」であったなら、そのまま依頼をしてしまうのでしょう。

私たちニュースタート事務局は短くても３ヶ月、長い時は１年以上かけて訪問し、親御さんにも協力してもらい、環境も整えながら動かすやり方を取っています。その後の寮生活がうまくいかない可能性が高いため、１回の訪問で無理に連れて来ることはしません。

ですが相談に来られた親御さんにそういう説明をすると、「その日に連れて行ってくれるわけではないんですか⁉」と言われることがあります。そのような希望には応えられないとお伝えすることになるのですが、親御さんの切羽詰まった心理は強く感じます。そういう親の心理がある限り、「引き出し屋」はこれからも存在し続けるでしょう。

テレビで取り上げられているから大丈夫？

民間の引きこもり支援の情報は、インターネット上の団体サイトやテレビなどのメディアで得ることが主です。では、その情報は本当に信頼できるものなのでしょうか。ここで、実在した「引き出し屋」の団体のお話をします。裁判を起こされて、今は運営していません。

この団体は支援の様子がテレビに何度も好意的に取り上げられ、団体のサイトにもテレビ放映の動画が掲載されていました。テレビやサイトの動画を見て、「ここなら大丈夫」と思い、依頼した方もいたことでしょう。この団体のトラブルを伝える記事の中にも、「テレビに紹介されていたから」という親御さんの言葉がありました。

マスコミに出始めた頃と時期を同じくして、私たちへの相談の中で「あそこにも見学に行きました」「実際に支援を受けました」という話が出るようになりました。不信感があったからこそ、こちらに相談に来られた親御さんのお話ですから、割り引いて聞く必要はあります。それでも伺った具体的な会話やエピソード、料金には、かなり違和感を覚えました。

私たちへも、時々取材依頼があります。やはり多いのは「訪問の様子を撮りたい」「引きこもっている人や、寮生など支援を受けている人のインタビューを撮りたい。できれば顔出しで」というものです。

訪問にテレビカメラが入るのは、かなり難しいことです。当然ながら親御さんと当人の了解が必要で、この了解がなかなか取れません。またこちらが大丈夫と判断したタイミングでしか、お受けすることはできません。例えば仲良くなって一緒に外出するような時の取材は可能でも、訪問の大詰めである家から出て入寮してもらうというデリケートな日にテレビカメラを入れるわけにはいきません。

引きこもりの当事者は、そもそもマスコミに出たがりません。寮生でインタビューを受けると言ってくれる人はごくたまにいますが、顔を出してもいいという人はほとんどおらず、顔はモザイクで仮名なら……というのが最大の譲歩です。

このようにお伝えすると、来たお話のほとんどがなくなります。こちらとしても、無理して取材を受けてもらっても本人が傷付く可能性がありますし、過去に取材によるトラブルも経験していますから、それでいいと思っています。

そうやって取材依頼が立ち消えても、放映時にはたいてい別の団体の映像が出ています。訪問して連れ出す様子や支援を受けている人の顔出しインタビューなど、こちらがお断りした内容です。そうやって流れる映像の中に、その団体もあったのです。

私たちが受けたテレビ取材依頼の多くは、「欲しい映像」がある程度決まっており、それを叶えてくれる所を探しているものです。放送日も決まっており、特に情報バラエティー番組などは希望の撮影日が常に間近です。もちろんきちんとした方もたくさんいらっしゃるのですが、年若いスタッフが上司の指示で片っ端から連絡しているんだろうな、と思えるような電話も珍しくありません。

問題の団体は、サイトはきちんと作り込まれていましたし、親御さんを説得しないと支援には至らないため、対面でそれらしい理論を繰り広げることにも長《た》けていたはずです。しかしその内実は、暴力的な引き出しによって、拉致監禁にも等しい寮生活を強いて、それに高額な料金を課す、というものでした。それでも引きこもり支援をあまり知らないテレビ局が、時間のない中でインターネットを頼りに探せば、そういう団体に引っかかってしまう可能性は大いにあります。

すでに取材を断られまくっている中で、望み通りの映像を撮らせてくれる所。そうやって取材対象が絞られていくうちに、問題の団体の映像が流れるに至ったのだろうと、容易に想像がつくのです。テレビに出ていれば無条件で信頼できるとは、経験上もとても言えません。引きこもり支援団体に限らず、どの情報を信じるかは個々できちんと取捨選択する必要があります。

ことは別ですが、利用者に訴えられたある団体についての記事で印象に残っているものがあります。その記事によると、事前の話し合いや説明はなく、いきなり本人の所へ行き、その日のうちに施設に連れて行ったそうです。その手法について、団体の人の言葉として、こんなことが書かれていました。

「一般的にそういう方法が世間で行われている」

すなわち、強引に引き出す支援方法をテレビか何かで見て、私たちの業界では全く一般的ではないこのやり方を普通と勘違いし、安易に似た手法を取ったということです。

報道の偏りが次の事件を生む可能性がある。このことを、メディアの方は忘れないでいただきたいと思います。

信頼できる民間団体はどこに?

では、安全な民間団体は、どうやって探せばいいのでしょうか。残念ながら、その質問へのいい答えはありません。「ここに聞けば民間の色んな情報を教えてくれますよ」と言える所が、どこにもないのです。民間の引きこもり支援は、私たちのようなNPO法人が一番多いかと思いますが、それ以外でも社団法人や株式会社、個人など、様々な所があります。引きこもり支援の資格や免許なんてものはなく、行政への届け出や許可も必要ありません。ガイドラインのようなものもありません。縛るのは一般的な法のみで、引きこもり支援独自のものは何もありません。極端なことを言えば、誰でも引きこもり支援を始められますし、その手法は自分たちで好きに決められて、値段も思ったようにつけられるのです。

こうなってくると、利用を考える当事者自身が、安全な所を探すしかありません。親の会など当事者のネットワークは、まだ問題を抱えたままの人の集まりですから、悪い評判はよく回っても、問題を解決できた人の話はあまり聞けないでしょう。行政の相談窓口も、民間の情報はあまり持っていません。

引きこもり支援団体に、他所のことを聞くのも難しいでしょう。私たちも、直接お付き合いがある数少ない所を除いて、他団体の実態はほぼ知りません。業界の集まりなんてものもなく、多少噂話が入りやすい程度です。そして確証のない話を、相談者に教えるわけにはいきません。

ＮＰＯ法人への理解も、まだまだあやふやです。ＮＰＯ法人が提供するものは全部無料だと勘違いしている方や、無条件に安心だと思っている方もたまにいます。私たちニュースタート事務局もＮＰＯ法人ですが、費用は全て親御さん負担ですし、ＮＰＯ法人になるための条件は少なく、比較的簡単に作れてしまいます。ＮＰＯ法人という肩書きは、安全の証明にはなり得ません。

ならばどこで情報を取ればいいのか。インターネットで各団体のサイトをまず見る方が大半になるでしょうが、これが信頼性に欠けます。サイトで人を呼び寄せ金もうけをしようと考えている所ほど広報にお金をかけ、立派なサイトを作るからです。

どこからも有効な情報がもらえず、インターネットもそのような状況なので、悩んでいらっしゃる方が適切な団体につながるのは大変です。実際私たちの所に来られる方にそのきっかけを尋ねると、「たまたま（年に数回しか掲載されない）新聞記事を見た」「ネットで何年も施設を検索していて、今回たまたまここが出てきた」など、運や偶然による場合も多いのです。

民間施設を探している方には、知り得た施設にとにかく足を運び、いくつも見学し、話を聞いて見る目を養い、最後は自分で決断してくださいとお伝えするしかありません。

選択肢が多すぎて選べない、間違える……迷走する親たち

この章では病院、行政の就労支援と引きこもり支援、親の会、当事者会、民間団体などをご紹介してきました。内容はともあれ、私たちが活動を始めた25年以上前と違い、相談先の数は本当に揃っています。昔は相談先がないことが問題でしたが、現在の問題は相談先の選択肢がありすぎることです。

本当は病院にかかるべきなのに就労支援に行ってしまい先に進まない。逆に、やれば就労できるのに、病院で病名をつけてもらい、いつまでも足踏みしている。行政の引きこもり支援でも対応してもらえるのに、民間団体に行って余分な費用をかける。民間団体に依頼するしかないのに親の会に通い続け、時間ばかりが経っている……。このよう

に、相談先のミスマッチは色々な方向で起こり、割合もかなり高い印象です。統計を取ったわけではありませんが、最初から適切な相談先に行ける人は、全体の半分をかなり下回ると思われます。これに加え、病院や民間団体など同じカテゴリーの中にも様々な所があり、選択は更に難しくなります。

結局うまく合う支援につながることができた人は、かなり運がいいか、とにかく情報を仕入れて考え抜いて選択したか、合う所を見つけるまでいくつも相談に行った人になります。私たちが相談を受け、対応できると判断し支援したケースでも、「こういう所に相談するのは初めてです」とおっしゃる親御さんは少なく、多くの方はどこかでの相談経験やセミナー参加経験があります。行ってみて違うと感じて他を探し、いくつも渡り歩き、私たちの所に辿り着いているのです。

そんな状況に加え、当事者が自分の状況を正しく把握できているのかという問題もあります。いじめられて人が怖いと思っているけれど実は発達障害がある、自覚はないけれど病気の症状が出ている、逆に病気だと思い込んでいるが実はやれば普通に仕事もできるなど、自分を正しく理解していない方がたくさんいます。

本人と話ができない親御さんは、状況把握が更に難しくなります。本人がごまかしで言った言葉を本心と信じてその方向に動いてしまう、足りない情報を想像で補ってしまうなど、判断を間違えるのには様々な理由があります。

支援は巷に溢れ、どこかに適切な支援はあるはずなのに、ミスマッチが生じている。その結果、引きこもり状態からなかなか脱することができず、長期化傾向が進んでしまっている。これが、引きこもり支援の偽らざる現状です。

第３章　「一歩踏み込む」支援スタイルがなぜ有効なのか

始まりは「ニュースタート・プロジェクト」

前章では様々な支援についてお伝えしましたが、この章では私たち「認定ＮＰＯ法人ニュースタート事務局」の支援内容をお話しします。

ニュースタート事務局の始まりは25年以上前、１９９４年にさかのぼります。イタリア・トスカーナで四軒長屋の住人が大家族の様に暮らしながら農園を運営している様子と、その中の一家族である宮川秀之・マリーザ夫妻を取材した日本のテレビ番組を、１９９３年に当時は教育機関の経営者だった二神能基（現ニュースタート事務局理事）がたまたま目にしました。

二神はその後イタリアに行き、この農園を実際に訪問。不登校や引きこもりなど日本の若者の現状について宮川夫妻と話し合い、双方の合意・協力によって、翌年の１９９

4年に日本の若者をイタリアに送る第1回の「ニュースタート・プロジェクト」を実施します。このプロジェクトの募集活動や希望者の面接、滞在中や帰国後の親の会やシンポジウムといったイベントの主催など、日本側の事務所の役割を担う団体として「ニュースタート事務局」が発足しました。

このプロジェクトでは、悩みを抱える10代や20代の男女7人が、宮川夫妻らの運営する農園で約45日の共同生活を送りました。大家族の一員になったかのような大勢での食事、農作業、イタリア人の精神科医によるカウンセリング、プロによるアートワーク、イタリア観光、そして仲間とブドウ畑を見ながらのんびり過ごす時間まで、多様な経験ができるプロジェクトでした。「ニュースタート・プロジェクト」は春と秋の年2回開催され、第8回をもって終了しています。この間に二神は、宮川夫妻やイタリア人精神科医から、多大な影響を受けました。ニュースタート事務局の考え方には、今も彼らの影響が色濃く残っています。

プロジェクトの終了と同じ頃、二神は日本国内での活動を広げます。日本ではちょうど引きこもりの問題を何人もの専門家がうったえ始めた時期でもありました。そこで1998年から「レンタルお姉さん」という活動を開始します。名前の由来も含め、詳細はのちほど説明しますが、要は引きこもりの人への訪問活動です。

1999年には寮の運営を開始、NPO法人格も取得します。2000年には今も活動する千葉県市川市の行徳《ぎょうとく》に拠点を持ち、仕事体験の店舗運営も開始します。

「レンタルお姉さん」による訪問活動と仕事体験もできる寮運営という、現在も続く支援内容は、1998年から2000年にかけて始まりました。この20年間で支援した人数は実に1600人を超え、およそ7割の人が引きこもり等から脱し、次のステップに進んでいます。

「家族をひらく」で第三者の力を借りる

「ニュースタート・プロジェクト」のイタリア側メンバーから得た最大の金言は、「家族をひらく」という考え方です。

プロジェクトの合間にイタリア側メンバーが来日した際には、シンポジウムを開催していました。初回シンポジウムのテーマが、この「家族をひらく」でした。イタリアに元々あった「家族をひらく運動」から取ったようです。

イタリア側メンバーの言葉は簡潔でした。彼らは、「子どもを育てるのに、2人の親だけでは足りない」と、当たり前のように言うのです。だから家族をひらいて、他者を入れるべきだ、と。この「家族をひらく」は、日本の引きこもり問題にはうってつけでした。家族で問題を抱え込み、外に助けを求めない、恥とすら思う親が大半だったからです。日本に足りない考えであることは間違いありませんでした。

それから25年以上、私たちは活動理念として、「家族をひらく」を掲げて続けて来ました。「ニュースタート・プロジェクト」が終わり、イタリア側メンバーとの関わりが無くなってからもずっとです。この言葉は、実はイタリアと関わりが無くなり、寮運営や訪問活動が中心となってから、私たちの中では更に重みを増しました。たくさんの親に関わるようになるにつれ、子どもを抱え込む親の壁にぶち当たることが多くなったからです。

またそういった親がたくさんいる傾向は、実は今も変わりません。子どもが20代くらいの若い親の中には、最初から「親だけでは無理」と思っている方も増えていますが、子どもが40代以上の親になると、ほとんどの家族は閉じたままです。引きこもる当人は当然ながら閉じていますから、せめて親がひらいてくれないと、他者が入る隙間はありません。ですが親に自分たちが閉じている自覚はなく、ひらく必要性も感じていません。

こちらは25年以上も同じことを言っているのに、届くべき人には届いていないという切ない状況です。自分たちの無力さも感じます。「25年以上同じ活動理念を掲げている」のは、初志貫徹していて立派だといった美しい話ではなく、「日本の状況が変わっていないため理念が変えられない」だけのことなのです。

「ニュースタートの基本理念は、『家族をひらく』です」
「家族をひらきましょう、第三者を入れましょう」

講演会や何かで事業説明をする時など、今でも決まってこの言葉を口にします。子どもを大人として自立させるには、2人の親では足りないのです。恥でも何でもなく、それが当たり前なのです。

まずは親の相談、次に親の決断で支援開始

ここからは、現在行っている支援についてお伝えしていきますが、まずは支援に至るまでの流れを説明します。

私たちニュースタート事務局は、第2章で挙げた様々な支援のうち、民間の引きこもり支援団体に当たります。支援内容は寮と訪問です。形態はNPO法人で、2015年からは「認定NPO法人」の承認も受けました。講演会などは無料ですが、支援は全て有料になります（以下、記載の料金は全て2020年時点の税込料金）。

支援に至る一番多いパターンは、ホームページや講演会で親が私たちのことを知り、資料請求ののち「個別相談」を受けて、親から支援依頼が出るという流れです。特に個別相談は、こちらが支援するかどうかにかかわらず、どんな内容でも受けるようにしています。料金も3000円と安く設定し、現在不足していると感じている、色々な状況に応じて支援場所を提案するという「支援の振り分け役」を担えればという気持ちもあります。もちろん、こちらでの支援は難しいとお伝えすることもよくあります。

ここまでは支援とは別の一般対応、社会貢献の範囲と捉えて、あまり料金も取らず、各々への状況伺いの連絡もしません。親がきちんと納得した上で能動的に依頼をして来なければ、支援を始めてもうまくいかないと、経験上知っているというのもあります。

支援の要望が親から出たら、「保護者面談」に来てもらいます。いよいよ支援の前段階ということで、この面談は3万円というきちんとした料金をいただきます。訪問なのか入寮なのか、どう本人に伝えていくか、何を支援の目標にするかなど、時間をかけて支援の方針・計画を立てます。

当事者である本人の参加は、ここまでは一切不要です。了解を取ってもらう必要も、ニュースタート事務局のことを話しておいてもらう必要もありません。本人の気持ちを問わない分、親の強い気持ちが必要になります。ですから支援開始に当たっては、親の気持ちの確かさを丁寧に確認します。こういった支援団体では珍しいのかも知れませんが、親の気持ちのあやふやさを理由に、こちらから支援を断ることすらあります。

親の強い決断を求める理由は、私たちの支援の考え方ややり方にも関係しています。それは後の項でまた触れていきます。まず親が本格的に「家族をひらく」ことを決断してもらう必要があるのです。

不安が人を動かす

継続的な親の会や相談会は実施していないというのも、私たちの特徴の一つです。個別相談も、不定期に開催する親の会も、基本的には参加は1回のみです。支援前に親が定期的にこちらと話すような会は一切ありません。それはなぜかと言うと、「試みようとしたが、意味が感じられなかった」からです。

個別相談は1時間と、さほど長い時間とは言えないかも知れません。ですがまず着手すべきことをお伝えするには、十分だと思っています。対面で1時間お話を聞けば、ある程度の状況は推察できます。全てを分かることができないのは確かですが、それは何時間お話を聞いても変わりません。本人に会ってみなければ、実際に支援を始めてみなければ、結局分からないことはたくさんあるのです。

最初の個別相談でお伝えしたことを実行しないまま、また相談に来られても、同じお話しかできません。伝わる人には一度で伝わり、伝わらない人には何度話しても伝わらない、というのが正直な感想です。1年後でも2年後でも、親の心の準備ができた時に、改めて話をする方がいいのでしょう。

更に懸念されるのが、何らかの会に継続的に参加することで、「何かした気になり、安心してしまう」ことです。私たちの考える支援は、本人に対してアクションを起こす所が始まりです。親の相談は支援の入り口に過ぎず、支援そのものではありません。実質的にはまだ何も始まっておらず、じわじわと問題が長期化している最中なのですから、親として不安を覚えるのが当たり前のはずです。

これは親にも本人にも言えることですが、私たちは不安を悪いことだとは思っていません。正しい不安は、きちんと感じるべきです。心からの安心はもちろん大切ですが、ごまかしや一時しのぎの安心は、具体的な行動を遅らせます。不安だからこそ、何とかしなくてはと必死になり、「家族をひらく」という大きな決断もできるのです。

こうした考え方から、私たちは中途半端に継続的な相談に乗ることには消極的です。伝えるべきことは1回の相談で伝えますから、ごまかさずに正しく不安を感じ、行動に移っていただきたいのです。

ゆっくり外へつなぐ訪問支援「レンタルお姉さん」

保護者面談ののち、約半分の人は訪問支援に入ります。訪問から入寮する人もいれば、訪問だけで解決する人もいます。私たちの訪問支援は、「レンタルお姉さん」「レンタルお兄さん」と呼びます。二神がつけた呼び名です。引きこもりの訪問支援をしているスタッフの名称とは、とても思えないことでしょう。

この名前には、意図があります。

昔は地域社会が生きており、子どもたちには近所の様々な人が関わりを持ってくれていました。まさに家族がひらかれた状態でした。その中でも近所の年上のお兄さんお姉さんは、親や先生、兄弟、友達とは、少し違う世界を見せてくれる存在でした。

親や先生のような上の存在とも、友達という横の存在とも違う、斜め上の存在。そういった存在を借りてくるという意味で「レンタルお姉さん」という名前がついたのです。「〇〇フレンド」といった名称で訪問をしている所もあるようですが、「所詮借りてきた存在。友人になろうなんて支援側の思い上がり」という二神の美学も感じるネーミングです。今も私たちがレンタルお姉さんの説明をする時は、「外につなぐ人」という言い方をします。友人などではなく、単なる橋渡し役なのです。ですからレンタルお姉さんたちは、医療や心理の資格など何も持っていません。なかには引きこもり経験がある人もいますが、みんな「普通の人」です。

支援の目標は、保護者面談で親と話し合い、決めておきます。就労、自立、入寮させるといったものから、買い物くらい行けるようにして欲しいというものまで、状況によりゴール設定は様々です。もちろんそのゴールにより、支援のやり方も変わります。

レンタルお姉さんと仲良く話せる、親との関係改善といった、漠然とした目標設定はしません。支援が終わり、私たちとの関わりが無くなった後も残る、就労や家を出て暮らすなど具体的な状況の変化をゴールにします。

レンタルお姉さんの料金は月10万円です。近隣も遠方も、支援のどの段階でも、一律の料金です。しかも交通費も含みます。これは「我が子の支援の費用ではなく、若者全体を支援するために支払うもの」という考えに基づいています。実際は相手の状況や場所によって経費なども異なりますが、親世代全体で補い合い、事業が全体として成り立てばいいのです。

支援の期間は、最低3ヶ月からです。1回で説得し強引に連れて行くようなことはありません。稀に2年くらい訪問を続けるケースもありますが、大半は1年以内で支援を終了します。一番多い訪問期間は、6～9ヶ月です。

訪問の成功率は、近年は8割です。個人で結果を出している人は他所にもいるかも知れませんが、一つの団体の複数の訪問スタッフの平均値でこれほどの数字を出している所は他にはないと思います。1年程度の訪問で、8割の人が就労や入寮といった、具体的な次のステップに進みます。

100％のNOなんてない

「レンタルお姉さん」は書籍になり、漫画化され、舞台のモチーフとなり、2回テレビドラマ化もされました。その理由には、名称の面白さに加え、訪問スタイルの独自性もあったと思います。

最初の訪問スタッフが女性で、「レンタルお姉さん」が書籍のタイトルなどになったことから、訪問スタッフは全員女性だと思われがちですが、実際はレンタルお兄さんもいます。担当者は、面談で聞いた状況や訪問の目的を考慮して決めます。女性への訪問は、必ずレンタルお姉さんにするようにしています。

スタンダードな支援は、まず自己紹介の手紙を送るところから始まります。手紙を何通か送ってから、電話をかけてみます。電話に出てくれる人はあまりいません。手紙も、封すら切られていないことも珍しくありません。

頃合いを見て、「来週おうちに行きます」と手紙などで伝えておき、訪問します。手紙や電話、訪問を織り交ぜながら、週に1回コミュニケーションを試みます。

たまに最初から電話に出てくれる人や、訪問したら話をしてくれる人もいますが、少数派です。最初に本人の許可を取る行政などの訪問とは違い、親が勝手に依頼した人なのですから、拒否から始まるのが当たり前です。

反応が全くなくても、ドアの前などから根気良く一方的な語りかけを続けます。すると多くの人は数ヶ月もすると、心の扉が開きはじめます。そこからは雑談し、時にはお出かけもしながら関係を作り、次の提案をしていきます。

レンタルお姉さん・お兄さんをする上で大切なのは、「100%のNOなんてない」という考え方です。例えば、「今度レンタルお姉さんという人が来るよ」と、親から本人に伝えたとします。大半の人は「そんな人必要ない」「来ても会わない」と言ったり、親の言葉を無視するなど、「NO」を示します。そこで本人のNOを真に受け、訪問の終了を通知してくる親もいます。

ですが、考えてみてください。そのNOは100%のNOなのでしょうか？ 実はその中身は、例えば「人に会いたくない」「親が依頼した人なんて」という80%のNOと、「でもこのままではダメだ」「誰かに助けて欲しい」という20%のYESで構成されていたりします。レンタルお姉さん・お兄さんの役割は、手紙を出し、電話をし、訪問し、語りかけながら、この20%のYESを30%、40%にふくらませていくことです。するといつしか本人の口から出る言葉も、「YES」に変わります。

ＮＯの中にも、少しのＹＥＳが隠れていると信じる。そのＹＥＳをふくらませ、引き出す。そんな思いを持って根気よくコミュニケーションを取り続けることで、だんだんと変化が出てくるのです。

時には一歩踏み込み、親にも背中を押してもらう

本人と会って話すことが出来る様になり、優しく根気よく対話することで、うまく本人が動き出すケースはあります。ですが全てのケースがそう簡単に行くわけではありません。そんな時私たちは、相手の側へ一歩踏み込みます。

例えば何回も訪問し、扉の前からどんなに話しかけても、いつまでも扉を開けてくれない人がいます。そうすると私たちは、頃合いを見てこちらから扉を開けます。

扉を開けてくれないことも１００％のＮＯではなく、ＹＥＳが混ざっていると考えます。プライドが邪魔をして、自ら扉を開けられないだけかも知れません。実際、扉を開けて室内に入っても、強い拒否はせずただ無視するような人が大半です。

そうやって少しずつ距離を縮めますが、本人から自発的な動きが出てこないと、いざ状況を大きく変えようという時には、なかなか苦戦します。ですから同時に、親には外

に向けて本人の背中を押してもらいます。

レンタルお姉さん・お兄さんによる訪問の特徴の一つが、親の理解と協力を求める場面が多々あることです。支援開始前に親の強い決断を求める理由も、ここにあります。

親には、スタッフからちょこちょこと指示が出ます。「訪問中は外出してください」「訪問を依頼したことを本人が怒っても、無視してください」といった軽いものから、「もう暴力を受けないように、家を出て他で暮らしてください」という重い内容まで、様々です。時には「○日までしか、家には置いておかない」という厳しい話を、親から本人にしてもらうことがあります。家から外に出るように背中を押すのです。

この背中を押すという作業は、突き放す作業にも似ていて、時には親としてつらいところだと思います。ですが親にも、「この子はこのまま家に居てもだめだ」という気持ちがあります。その気持ちを、ちゃんと伝えてもらうのです。

ここで親の決断の強さが試されます。本人を動かすために大切なのは、「家を出て欲しいのは、ニュースタートに言われたからではなく、親の意志だ」と心から言うことです。あいまいな気持ちでは本人に伝わりません。そうやって親から話をしてもらった後は、レンタルお姉さん・お兄さんの出番です。「じゃあ、○日までに行く所を決めないとね」「一人暮らしできる？　それとも寮に来る？」「寮はこういう所だよ」と話をして、実現させていきます。途中で本人がまた止まり、二度三度と親に押してもらうこともよくあります。手が出るほどの親子喧嘩の末、やっと本人が諦めて入寮するケースもあります。

引きこもっている状態から外に出すには、レンタルお姉さん・お兄さんが外から引っ張る力と、親が中から押す力の両方が必要です。タイミングや押し方など、こちらと息を合わせてもらう必要はあります。ですがこれでかなりのケースを動かすことができます。

最初は驚かせないように手紙から、会うようになっても楽しく雑談するところからなど、柔らかく対応し、いきなり説得などはしない。ですが時には一歩踏み込み、親と共に強く押すこともある。この柔と剛の両方の手法を持つことで、8割成功という大きな結果が出せていると思います。

寮の自主運営とゆるいスケジュールの理由

ニュースタートの事務所は、千葉県市川市にあります。最寄り駅は東京メトロ東西線の行徳で、事務所を「行徳センター」と呼んでいます。この行徳センターから歩いてすぐのところに寮があります。この寮には、レンタルお姉さん・お兄さんが連れて来た人、親が説得して入寮した人の両方がいます。

　寮のキャパシティーは約30人です。うち女子寮は３人のみ。寮生のほとんどが男性です。台所やリビング、トイレなどは共用ですが、必ず一人一人に個室があります。

　寮母さんのような存在はおらず、自主運営を基本としています。食事は寮生たちが当番制で作り、洗濯も各自で担い、共用部分の掃除も分担して行います。これは卒業後の一人暮らしを想定しています。寮長や会計係などの役割もあります。

　食堂もパソコン部屋も敷地外の別の場所にあるので、食事をするにも、ちょっとインターネットをするにも、外に出なければならない環境を作っています。

　学校の寮のように、朝は何時までに起きて点呼をとって、食事は全員揃っていただきますと言って食べる、なんてことはありません。自分の行動は自分で考えられる大人として扱い、寮のルールは最低限しかありません。

　寮生は、週４日の仕事体験をします。ニュースタート事務局では、自前でパン屋を運営しています。事務所と同じ敷地内にあり、寮からもすぐ歩ける場所です。このパン屋での体験や事務作業、協力してくれる農家での農作業、そして食事当番などから仕事を選んでもらいます。大切なのは仕事のスキルを上げることではなく、人と協力してできるようになることです。

そして、週3日はお休みです。どう過ごすか、誰と過ごすかは、自分で決めます。きちんと毎日のスケジュールを決めた方が、と思う方もいらっしゃるかも知れませんが、この自由な日にこそ、その人らしさが出ます。とにかく1人で部屋にこもる人、他の寮生とゲームをする人、用事もないのに事務所をウロウロする人、やたら手伝いをしたがる人など、様々です。この時間をどう自分で考えて上手に過ごし、なおかつ仕事体験もこなせるかで、どんな生き方が向いているのかが見えます。

ニュースタートの寮は、とにかく「ゆるい」と言われます。そのゆるさを大切にしています。ゆるいからこそ、その人らしさが見えて来ます。そうやって見つけた自分とどう付き合うのか、ゆっくり考える時間も十分にあります。

ある程度寮に慣れ、内部の体験も問題なくこなせるようになったら、外に向けた活動、就活になります。第2章で紹介したサポステは、無料で就労相談が受けられる行政の委託事業ですが、私たちも「いちかわ・うらやす若者サポートステーション」を厚生労働省から受託運営しています。事務所と同じ行徳センターの中にありますので、寮生にも身近で利用しやすい場所です。

このサポステではキャリアカウンセラーによる相談が受けられるほか、様々なワーク、協力企業の見学や仕事体験などができます。私たちも以前はパン屋だけでなく、喫茶店や老人介護デイサービスなど、もっと様々な店舗を運営していました。ですが人手不足の昨今はすぐバイトが決まる上、サポステでも体験に来てくれることを待ち望んでいる企業が多く、本物の仕事体験を積むことができるため、自前の店舗はかなり減らしました。

最近の就労率は約95%です。ほとんどの人が働きだせます。同じ仕事が3ヶ月継続できるか、精神面や生活ぶりも安定しているかを見て、大丈夫なら一人暮らしに出て行く。それがニュースタートからの卒業になります。ほとんどの人が同じ仕事を継続するので、寮の近くに卒業生がたくさん住んでいます。

寮の費用は月額22万円です。住居費、食費、サポート費など全て含まれています。滞在は最長2年までとしていて、平均滞在期間は1年半弱です。これで9割以上の人が、就労して一人暮らしという、次のステップに進みます。

寮だからこその仲間とのつながりが支えになる

寮の一番の長所は、「人と一緒にいることに自然と慣れる」「仲間とのつながりができる」ことです。特に「人慣れ」は、寮で一緒に生活をするのが一番手っ取り早いと言えます。通いの支援ではどうしても、その時だけ何とか頑張り、家に戻ってぐったり疲れているということになりがちです。大事なのはその後の食事も、リビングでテレビを見る時にも、人がいるということです。こういう「何でもない時間」に人と居られてこそ、人に慣れたと言えます。

また通いだと、誰かと軽く言い合いになった、話しかけられたけど何も答えられなかったなど、小さな出来事で行かなくなってしまいがちです。何も乗り越えることなく、次の通い先に移ることを繰り返していても、人間関係の苦手意識は克服できません。

週5回通うスタイルの支援と寮では、数倍ではきかないほどの差があります。差が大きすぎるので、通いの仕事体験や居場所を作るような支援は、私たちはやっていません。一緒に暮らすことが、やはり一番大きいのです。

また仲間になるという意味でも、寮はやはりプラスが大きいです。一緒に過ごすうちに、自然と話せる相手ができます。卒業生たちに楽しかったことを聞くと、何かができるようになったこととかこちらが提供した体験ではなく、自由時間に寮のリビングでゲームをしたことやカラオケに行ったことなど、何でもない時間を過ごしたことと答える人が多くいました。

仲間とは、「さあ仲間を作りましょう」と集まってできるものではありません。一緒に様々なことをして、時間を過ごす中で生まれる副産物です。もちろんこちらはその副産物が狙いなのですが、こちらが仕組んでどうにかなるものでもありません。それでも30人もいれば、誰かしら話せる相手ができるものです。そうやってできた仲間と、卒業後もつながりが続いている人がたくさんいます。

何でもない時間も人と居られるから、仕事のストレスも少ない。人との付き合い方を少し覚えているから、職場でも何とかやっていける。仕事を続けるには、スキルより何より、そうやって人とやっていけることが大切です。話ができる仲間がいることで、明日も頑張る力が出るのです。

就労支援ではなく人生支援を

私たちが目指すのは、就労支援ではありません。もちろん一人暮らしで自活していくことが卒業ですから、就労も目的の一部ではあります。でも大切なのは、いかに「その人らしく生きていけるか」だと思っています。寮のテーマは、「仲間・働き・役立ち」です。働きは3分の1にしか過ぎません。

親世代は、仕事が生活の中心で、承認欲求を満たすことや自己肯定感を上げることも仕事の中で行っていました。家族や学生時代以外の人間関係も、会社に集中していました。ですが今は時代が違います。更に、一度つまずいた人が次に就く仕事は単純作業が多く、仕事から得られるものは少ないのが実情です。仕事だけで生活を埋めてしまうと摩耗しがちな上、仕事を失うと空っぽになってしまいます。「やりがいのある仕事」を求めて、空転する人もいます。

それに今の若者は、誰かの役に立ちたいという気持ちの強い、優しい人が多くいますが、自分に自信がなく、自分のためにはなかなか頑張れません。承認欲求を満たすこと、自己肯定感を上げることは昔以上に必要なのですが、仕事ではそれは得られません。ボランティアなど他の場で得るケースの方が多いと、私たちは感じています。

ですから寮生には、寮で仲間を作り、承認欲求を満たす場所も別に持ち、仕事は「食い扶持を稼ぐもの」と割り切るように、と伝えます。こう伝えると、仕事にあまり期待しない分、格段に仕事が継続しやすくなります。分離しておくことで、どれかが途切れた時のリスクヘッジにもなります。この「仲間・働き・役立ち」という、仕事の割合を小さくした概念を覚えてもらい、できれば３つ全てを持って卒業してもらうことが望ましい、と考えています。

私たちは「更生施設」ではありません。彼らは特に更生する必要はありません。もちろん社会生活を営むために覚えるべきこと、やり方や考え方を変えなければならない部分は多少あります。ですが人の本質はそうそう変わるものではないですし、変える必要もないと思っています。

無理して変わろうとするより、そのままの自分でいいと開き直り、その自分でできることをやる方が、その後長く安定します。寮生たちは、卒業しても引きこもり気質はそのままです。「貯金ができたら、また引きこもりたい」と言う卒業生や、「変われないことが分かりました」と言った寮生もいました。それでいいのです。

正直に言えば、必ずしも働かなくてもいい、という思いもあります。

私たちは2月10日を語呂合わせで「ニートの日」と呼び、「ニート祭り」というイベントを開催しています。私たちの支援対象は引きこもりに限らないため、ニートと呼ばれるような、学生でもなく正業に就いてもいない人もかなりいます。両者は表面的には多少の違いがありますが、根っこの部分は同じです。私たちは特に区別せず、同じように支援しています。

ニート祭りでは、親の仕送りもなく、生活保護なども受けず、でもあまり働かずに生活しているようなゲストを数人迎え、トークをします。この年に1回のニート祭りは、2020年で第14回を迎えました。過去のゲストには、日本一有名なニートと言われるpha（ファ）さんや、山奥ニートと呼ばれる葉梨はじめさんなどがいます。シェアハウスで人とつながって生活コストを下げる、生活コストのかからない山奥に行く、といった様々な選択をすることで、あまり労働をせず暮らしている人たちです。

実際にお会いすると、やはりそうやって生きられるだけの能力や魅力がある人たちなので、誰にでも同じことができるとは思いません。でもそんな道もある、半分だけでも取り入れられるかも、という生き方の多様性、選択肢の広がりが何より大切です。

また私たちは寮生にお遍路に行かせ、「お遍路ハウス四国88」という宿のサイトも運営するなど、四国遍路とは縁が深い団体です。引きこもりやニート問題は、生き方という哲学的な問題であり、お遍路は非常にいい体験になると考えています。

寮生活で卒業後もつながれる仲間ができて、期待しないからこそ仕事も続き、仕事とは別に役立ち感も意識して得るようにすること。基本的にはこれを目指して支援していきますが、いざたくさんの寮生を目の前にすると、やはり人それぞれです。

ただ、できれば人の中で、その人らしく肩の力を抜いて生きられるようになって欲しいと願っています。みんな元々いい所を持っています。そのそれぞれの形を、一緒に探していければと思います。私たちがやりたいのは人生支援であり、幸せ支援です。

問題は長期化ではなく「固定化」

そもそも、引きこもりの何が問題なのでしょうか？

引きこもり自体が問題だとは、私たちは思っていません。時に引きこもる行為は、自分を守るために必要です。引きこもりながら在宅ワークで自活することも、本人が望む生き方であれば全く構わないと思います。問題は、引きこもっていることではなく、引きこもりが「固定化」していることです。

引きこもりが長期化しているとよく言われます。ですが、何年にもわたる引きこもりは、長期化というより固定化という言葉の方が実情に合っており、しっくりきます。ですから私たちは、最近は引きこもりの「固定化」と表現するようにしています。つまり、引きこもりのまま時間が過ぎることが問題なのです。

普通に社会生活を送っている人でも、職場や人間関係などがずっと同じままであれば、新たな方向へ動き出すことへのハードルは上がります。家を中心に過ごし、家族くらいしか会話をしない状況では、心も体も固まって外にますます出られなくなることは、簡単に想像できるでしょう。これでは本人が引きこもりから抜け出して何かしたいと思う時が来ても、自分でもどうしたらいいか分からず、結局何もできないまま更に時間が過ぎることになります。本人の本当の意志が発揮されない状況になるのです。

相談を受けてどんな支援が必要なのか考える時は、引きこもりの原因より、「今なぜ引きこもりから抜け出せないのか」を考えます。例えば職場の人間関係のトラブルで引きこもったとしても、年数と共に問題は多少変質しています。外の世界に出ることへの恐怖感が高まって動けないのかも知れませんし、ひどければ病気を発症しているかも知れません。前者ならレンタルお姉さん・お兄さんの訪問で何とかなりますが、後者なら病院です。どちらにしろ、今さら職場のトラブルの原因を考えたところで、どうにもなりません。

引きこもり始めと変わらない人はめったにおらず、引きこもりの固定化により、新たな問題が生じているのが普通です。引きこもりの固定化には、様々な弊害があるのです。

コミュニケーション力がないのは、むしろ親世代

もう一つ、世間ではあまり言われていませんが、私たちが日頃感じていることをご紹介します。

親子の会話が成り立たない原因は、引きこもっている本人にコミュニケーション力がないことだと思われている方が大半だと思います。ですが、私たちの印象は逆で、むしろ親世代の方がコミュニケーション力がないように感じます。

親世代と子ども世代では、生きている時代が違い、価値観が違います。特に団塊世代以上の親は「まず仕事ありき」「バイトより正社員」といった考えが染みついています。それに対して寮生たちは、「正社員は責任が増えるし、自分のペースでできるバイトの方がいい」と言う人が多く、時代の変化を感じます。

ただ寮生たちも、家で引きこもっていた頃からはっきりそう思っていたわけではありません。寮の仲間との話や、そういう生き方をしている先輩たちがいるのを見て、自分もそれがいいなと思う、という流れです。家に居た頃は、親の価値観を受け入れられない、とぼんやり思っていた程度でしょう。

親の側は、自分がそれで成功している世代なので、自分の価値観に疑いを持ちません。親の思う「普通」がなかなか叶わない時代なのですが、それが分かっていないのか、「我が子だけは」と思うのか、親の考える「普通」を子どもに求め続けがちです。

「子どもがコミュニケーションが苦手で、自分と対話ができない」とうったえる親の言葉は、実は「親の求める答えを言わない」という意味でしかないことも多々あります。子どもが押し黙っているのは親の提示する内容に違和感があるからなのですが、そこを汲み取ってあげません。面談で「私の言葉に返事をしない。うちの子は発達障害だと思います」と親が言っていたが、いざ入寮してみると普通に会話できて、聞くと親が同じことばかり言うから黙っていただけ、なんてケースもあります。

多くの親には話す力はあったとしても、相手の小さな声や、声にならない沈黙を聞いてあげる力がありません。対話ができない、すなわちコミュニケーション力が不足しているのです。支援中は親子両方と関わることになりますが、親側のコミュニケーション力の問題は、正直かなりの割合で感じます。

だからこそ、親には子どもを家から出し、寮などで仲間に囲まれる生活をさせて欲しいと思います。自分の世代ならではの価値観を作っていくには、親の価値観に囲まれた家から出て、同じような経験をした人たちの中に行くのが一番です。

「支援が必要な引きこもり」の3条件

引きこもりなら支援が必要、と安直に考えるつもりは、私たちにはありません。支援するべき引きこもりは、「本人が困っている」「家族が困っている」「誰も困っていないが孤立し、生活の破綻が目に見えている」の3つだと思います。

3つ目については誰からも支援依頼が出ないため、私たちのような民間団体には手が出せません。生活困窮や親の介護問題などを入り口に、地域の方や行政が関わるしかないでしょう。

1つ目の「本人が困っている」場合は、支援の必要性を否定する人はいないでしょう。もし本人が動けて電話やインターネットででも相談できるならば、適した支援を見つける必要はあるものの、どこかの支援にはつながれるはずです。

はっきり伝えたいのは、2つ目の「家族が困っている」もやはり支援対象だということです。「当事者である本人の意志」ばかりを重視し、本人が困っていないなら親はじっと見守るべきだという論調がありますが、我が子の将来が心配かつ経済的にもいつまでも面倒が見られないなど、ほとんどの親は悩みを抱え、我慢し、困っています。別居し、金銭などの援助もせず、今後も一切しないつもりなら別かも知れませんが、親が引きこもる子どもの面倒を見ている場合は、親も立派な「当事者」です。特に金銭面は、親が何とかしているうちは本人には何の実感もなく、一向に困らないのが当たり前です。本人が困っていないように見え、本人もそう口にするからと言って、周囲も親自身もその困っている気持ちを押さえ込んではいけません。関係する誰かが困っているなら、そこに解決すべき問題は必ず存在します。

そして、本当に本人は困っていないのか、という問題もあります。

先にも触れたように、親にコミュニケーション力がないと、本人の困りごとを聞き取れていない可能性があります。引きこもってどこの支援も受けていないと、必然的に親が本人の気持ちを聞く唯一の人になります。ですが親から聞く言葉と、こちらが実際に本人と対面し関係ができてから聞く言葉では、よく隔たりがあるのです。

そして本人も引きこもりの固定化によって思考が固まっており、困っていると自己認識できない場合もあります。そうするとその身代わりのように、親が困ることになります。いざ入寮して、ある程度動けるようになると、だんだんと思考力が戻り、あのままでは自分はどうしようもなかった、自分では抜け出せなかったと言い始めます。

「本人は困っていない」に惑わされず、「親が困っている」をきっかけにでも、私たちのような支援者が関われば、本人の本当の気持ちを引き出す可能性が生まれます。そういう意味でも、「親が困っている」も支援対象だと、私たちは考えています。

「子離れ親離れ」が全ての基本

家族をひらいて、私たち第三者が関わって、最終的に何をしたいのか。それはもちろん引きこもりなどの問題の解決ではあるのですが、最終的に目指すべきは、「親の子離れ、子の親離れ」です。

25年以上に渡る若者の支援活動の中で見てきたケースの大半は、「親子を離さなければ始まらない」と思うようなものでした。それは引きこもりに限らず、ニートなど私たちが支援してきた人たちのほぼ全てで、です。若者たちが独り立ちしていくには、少なくとも親元から心身共に離れる過程が必須なのです。

本来なら年齢と共に自然にできる親離れ子離れなのですが、引きこもりの固定化など問題を抱えている場合は、親子の距離感が適切に取れていません。特に私たちのような支援団体に親が依頼してくるケースは、たいてい親子の距離が近すぎます。

ですから支援の計画を立てる際には、ほとんどのケースで一人暮らしや入寮など「家を出す」というステップをどこかで入れます。すでに一人暮らしをして親が金銭援助している場合は、親からの送金を止めてもらい、金銭の話も受け渡しも私たちが行うようにします。そうやって親から切り離された若者は、親元にいた時とはかなり違う姿を見せ始めます。相談時に親から聞いていた話とも、訪問時にこちらが見ていた姿とも違います。少しずつほどけてくる人だけでなく、寮に着いたその瞬間から別人のようになる人もかなりいます。彼らの本質は親からちゃんと離さなければ見極められない、と実感させられるようなことばかりなのです。

親子だけの間でコミュニケーションを繰り返し、親の心配そうな眼差しを感じつつ、こう言ったら親にどう思われるかを考えながら発言する状況から、親のいない新たな環境へ。それは、親子が向き合う時間から、他者や自分に向き合う時間への転換点です。

親が思っているよりもずっと、彼らはいい所をたくさん持っています。親元にいると、そのいい所が発揮されません。彼らのほとんどは自分でやっていくだけの力があり、人に受け入れられる性質もちゃんと持っています。

親には家族をひらいて、子離れして、子どもを彼らがこれから生きていく世界に押し出し、その人らしく生きることを認めてあげて欲しいのです。それを支援するために私たちは、レンタルお姉さん・お兄さんという訪問支援をやり、「ゆるさ」を大切にした寮を運営しています。もちろん私たちのやり方が、万人に通用する処方箋だとは思っていません。ですが、一般的に考えられているよりも、この支援が適している引きこもりの人は多くいる印象です。でなければ7割、ここ最近に至っては8割・9割という高い成功率は出せないでしょう。

この章では、私たちの支援や考え方をご紹介しましたが、もし興味があれば、他の引きこもり支援団体が発信する文章などもお読みいただくと面白いと思います。「真逆のことを言っているな」と思う部分もあるでしょう。それがまさに「引きこもり支援の多様化」です。

ただ、どこに相談に行くにしても、本人は引きこもっているのですから、「親がいかに適切な支援先を選ぶか」がとても大切になります。ですが、その親の選択があまりうまく行っているようには思えません。それについては、次の章でお伝えしていきます。

第４章　親も変わらなければならない

長引く引きこもりには親にも一因がある

第1章でお伝えしたように、引きこもりには色々なケースがあります。本人の性格や病気、家族関係、学校や会社の環境など、きっかけや要因は様々です。また、その人にとって自分を守るために必要な行動の場合もあるので、引きこもり自体を完全に否定するつもりはありません。問題は、その状況が長引き、固定化し、そこから動けなくなってしまうことです。どのくらい長期化・固定化したら問題かには個人差がありますが、行政が示した引きこもりの定義は半年です。私たちも、長くても1年たてば、問題としていいと思います。

引きこもりの人の大半は、親など家族と同居しています。一人暮らしの人でも、親から仕送りを受けている人が多くいます。引きこもりのほとんどの人に、親との関係性があります。逆に言うと、それは「親にできることがある」ということです。ここで親が適切な支援をすれば、かなりの割合の方が次のステップに進めるはずです。

ところが実際はそうは行かず、引きこもりを長引かせている方が本当にたくさんいらっしゃいます。そこでこの章では、我が子の引きこもりに対してうまく支援できず、長引かせてしまう親御さんの問題についてお伝えします。

親自身の素人判断は当てにならない

（事例1）
母「うちの子が引きこもっているんですが、どうしたらいいんでしょう？」
スタッフ「お子さんはおいくつですか？　どのくらい引きこもっていますか？」
母「それはちょっと言えないんですが……」

（事例2）
父「うちの子はこんな状況なので、こういう支援をして欲しいんです」

スタッフ「多分それでは状況は改善しないと思いますが」
父「いいえ、この支援がいいと思うので」

この会話のように、状況をあまり明かさずにアドバイスだけを欲しがる方や、自分で支援のストーリーを決めて、それだけをして欲しがる親御さんが少なからずいます。

第1章では引きこもりの多様さを、第2章では引きこもり支援の多様さをお伝えしました。ここまで本書をお読みになった方なら、マッチングの難しさがあり、「万人に合う支援なんてものはない」ことはお分かり頂けると思いますが、そのことをご存じない方が多くいます。「唯一の支援」「最高の支援」を探そうとする方もいます。

そもそも、引きこもり支援に関しては、親は素人です。様々な引きこもりがいる中で我が子がどんなタイプに分類されるのか、支援にはどんな種類があってそのタイプにはどれが合うのか、ご存じないのです。

面談の際には必ず聞く項目があるのですが、それを自ら全て話してくれる親御さんは稀です。こちらにとって大事な情報を、故意に隠したのではなく、大したことではないと思って話してくれなかった方もいます。逆に昼夜逆転のように引きこもりではよくある傾向を、「うちの子は昼夜逆転で」と何度も話し、そこに固執する方もいます。引きこもり支援に限らず、素人判断は時に間違いの元ですが、残念ながら親にはその自覚がありません。

「引きこもりは家族だけの問題」という思い込み

（事例３）

母「子どもが引きこもって10年になるんですが、こういう相談をするのは初めてです。恥ずかしいので、親戚にもご近所にも、誰にもこの話はしていません」

（事例４）

母「私たちだけではもう無理よ。支援を頼みましょうよ」

父「他人を入れるなんてとんでもない！　私たちで何とかしますから支援は結構です」

事例４のように、夫婦で相談に来て意見が割れることは珍しくありません。父親が拒否する場合と、母親が拒否する場合の両方ともあります。

「引きこもりは家族の問題」「家族で解決すべきもの」と言われていた時代がありました。「子どもが引きこもるのは親の育て方が悪いからだ。だから親が何とかすべきだ」という考え方です。当時は社会の論調がそうでしたし、実際どこかに相談に行き、育て方を責められた方もいます。結局どうにもできず、我が子の引きこもりをただ隠して、時間だけが過ぎているケースは相当な数にのぼるはずです。

私たちは１９９４年の活動開始当初から「引きこもりは社会の問題。家族をひらいて他者を入れて解決しましょう」と訴え、「家族をひらく」を活動理念に掲げ続けているのですが、なかなか受け入れてはもらえませんでした。ここ最近になってやっと「親だけで抱え込んではいけない」「他者を入れるべき」という意見を言う人が増え、流れが変わってきたと感じます。子どもが10代20代の若い親には、「引きこもりは外に相談していいもの」という考え方がだいぶ浸透し、かなり早い段階で相談にみえます。

ですが子どもが40代以上という親の多くは、昔ながらの考え方が染みついています。我が子の状況を家族以外に話したことがない人などは、匿名の相談の電話をするだけでも、相当な決心が必要です。「親の育て方のせいじゃない」「恥ずかしいことじゃない」

「誰かに相談してもいい」「誰かの手を借りてもいい」と思ってもらうこと。高年齢の親の多くにとっては、まずはこれが最初の大きな一歩になります。

「我が子のことは親である自分が一番分かっている」という幻想

（事例5）

母「うちの子は10年引きこもっていて働いたことはないんですが、働きたいと言っているので、就活のサポートをして欲しいんです」

スタッフ「就活ではなく、寮などでゆっくり体験を積むところから始める方がいいんじゃないですか？」

母「いえ、やる気はありますから、きっかけさえあればできるはずなんです」

特に母親に多いのですが、「我が子のことは自分が一番分かっているから、他人のアドバイスは参考程度にしか聞かない」という感じで相談に来られる方がいます。自分の予想と違うアドバイスが来ると反論するか、耳を閉ざしてしまいます。

どんな行動を取った、どんな言葉を言った、親にはこう考えているように見えるなど、親から聞く話はもちろん大切です。ただし、そこからどう判断するかは、引きこもりに関する知識や支援経験の有無でかなり違ってきます。ですが「ずっと見てきたのは自分」という気持ちを、親はなかなか捨てられません。もちろんそこに強い愛情を感じるのですが、逆に愛情によって客観性が失われた話になることもよくあります。

更に親に社会経験がないと、子育ての経験だけから話をする傾向が強くなります。例に挙げたようなケースでは、「じゃあご自分の会社に同じ経歴の方が来たら、採用しますか？」と聞くと、父親はほぼ全員が黙って「いきなり就活できるはずがない」と気付くのですが、ずっと専業主婦かパート勤務だった母親はピンと来ない顔をします。

また、本人が親にどこまで本当の姿を見せているか、という問題もあります。いざ支援を始めて本人に会ってみると、「面談で親から聞いていたイメージとだいぶ違うな」と思うことがよくあります。

そもそも考えてみてください。20代30代になって親に全ての姿を見せ、気持ちを全て話している人が、どれだけいるでしょうか？　親子の間には、時に駆け引きが生まれます。引きこもって長い時間が経ち、仕事を始めることに恐怖心が湧いていたりすると、何とか家の中に居場所を確保するために嘘をつく、なんてことは普通にあります。

例に挙げた「本人は働きたいと言っている」も、いざ仕事を紹介すると尻込みして逃げてしまう程度の気持ちかも知れませんし、こう答えればそれ以上は何も聞かれなくて済むから言っているだけ、という可能性もあります。

親が見ているのは我が子のほんの一面に過ぎません。だから外側からの客観的な意見が大切なのです。

支援は一定期間やってみて、ダメなら変えよ

（事例6）
父「子どもが引きこもってから5年、色んな所に相談に行きました」
スタッフ「具体的な支援を受けたことはありますか？」
父「どれがいいのか決められなくて、何もできていません」

（事例7）

母「私は10年間親の会に通っていて、指導されたことはちゃんと実践しています」
スタッフ「それで、お子さんに変化はありましたか？」
母「いえ、ずっと引きこもったままです」

例えばどこか体の調子が悪い時に、まず内科に行き、特に病気が見つからなければ外科など別の科や別の病院に行き……と行先を変えるのは、ごく当たり前のことです。病気が見つかって治療を始めても、ずっと体調が改善しなければ、別の病院へ行くことを考えると思います。

引きこもり支援も、同じです。吟味した所にとりあえず行って、しばらく通ってみて、良くならなければ別の所へ、という発想で構いません。逆に言えば、そういう心持ちでなければ合う支援に辿り着けないほど、引きこもりも支援も多様なのです。合わない支援を続けると、改善が遅くなったり変わらなかったりするどころか、時には悪化もしてしまいます。

引きこもり状態が半年から1年続いたら何かしらの対応をするべきだと、この章の最初にお伝えしました。遅くとも引きこもり1年の時点で何か本人への対応を始められるのがベストです。ちなみに親が相談や親の会に行くことなどは、本人にアプローチしていないので、ここで言う「対応」には含まれません。情報はそれ以前に収集しておき、目的や方針を決めて、実際に本人に働きかけを行うものが「対応」と呼べるものです。

そして、その対応には、ダメなら次に行く「期限」が必要です。色々な考え方があるとは思いますが、私たちが提案する期限は2年です。2年もあれば、引きこもりから一人暮らしや寮での暮らしに移る、バイトを始めて自立に至るなど、明らかな結果が出ると経験的に分かっているからです。逆に2年やってみて状況に変化がなければ、残念ながら私たちの支援では無理だと判断するべきでしょう。

ただしあまり支援先をコロコロ変えることは、病院を転々とするのと同じで、避けるべきです。きちんと吟味した上で選択し、一旦はその支援を信じ、きちんと任せなければ結果にはつながりません。逆に、「やり直しがきかない」と思い込んで、一つの支援に固執し続けるのも避けるべきです。

以上のことを頭に入れて、事例をもう一度見てください。事例6は何も試していないので情報が全く溜まっておらず、事例7は10年も合わないと思われる支援を続けて来た、「もったいない時間の使い方をしてきたケース」だとお分かりになると思います。

「見守る」「待つ」のリスク

（事例８）

母「10年前に一度相談に行って、『いつか動き出しますから、信じて待ってあげましょう。それまで見守ってあげてください』とアドバイスされました。ずっと待っていたんですが、結局引きこもりのままで……」

前項で述べた通り、支援とは、一定期間やってダメなら変えるべきものです。ここからは、あまり効果が見えないにもかかわらず無駄に長く継続しがちな「支援」について、いくつかお伝えします。

一番に挙げるべきは、これしかありません。「見守る」「待つ」です。

昔は相談に行くと、「待ってあげましょう」「見守ってあげましょう」というアドバイスを受けることが当然という時代がありました。ですが「いつまで待つのか」という期限を設けなかったために、10年も20年も我が子が自発的に動き出すのをじっと待ってしまった親が本当にたくさんいます。

「見守る」「待つ」も、有効な支援の一つには違いありません。特に引きこもり始めは、優しく見守ってあげることが適している場合が多くあります。ですが、それでどうにもならないなら違う支援に切り替えるべきです。

引きこもり始めた当初は、親の対応はだいたい「口うるさく言う」か「そっとしておく」に二分されますので、およそ半分の親はこの「見守る」「待つ」を実践しています。問題は、その次に移っているかです。引きこもりと判断して対応を始めるまでの1年、その後「支援」として意図的にそっとしておいた2年。合わせて3年も待てば、もう十分です。その方にとって「待つ」という支援は、合っていません。

また、「見守る」「待つ」は、恐らく皆さんが考えているよりも悪化のリスクがある支援でもあります。年月が経てばそれだけ体は動かなくなりますし、気持ちも現状維持に傾くからです。いわば、体ばかりか思考まで引きこもってしまう。

親子で引きこもったような状態になってしまうと、外からの支援は本当に入っていけません。すると、引きこもりは更なる長期化へと進んでいきます。このことは講演会などでも再三訴え、特にここ10年は「それ以上待つのはやめましょう」と毎回のようにお話ししていますが、待ちすぎた親にはなかなか伝わりません。講演会に来ても、相談に来ても、いざとなると実際にやり方を変える勇気が出ず、「もう少し様子を見てみます……」と言う親を、本当にたくさん見て来ました。

「見守る」「待つ」には期限がある――。これは本書の中で一番に訴えたいことかも知れません。せっかく本書をお読みいただいたなら、ぜひ覚えておいてください。

家の居心地をよくするのは諸刃の剣

（事例９）

母「家の居心地をよくしてあげなさいとアドバイスされたので、そうしています。食事はちゃんと私が手作りして、好きな時に食べられるように置いてあります。私たちは早めに自室に戻るようにして、リビングを空けています。夜10時くらいからはリビングでテレビを見て、好きに過ごしているようです。小遣いも渡していて、たまにコンビニでお菓子などを買っているようです。何年もたちますが、同じ生活で、一向に仕事を探すようなそぶりはありません」

「家の居心地をよくしてあげましょう」も、よく聞くアドバイスですが諸刃の剣です。お金がないとますます何もしなくなるかも知れないからと、小遣いを渡すことも勧められます。もちろん、こうした考え方を否定はしません。効果がある人もいるでしょう。ですがこれも、どこかで見切りをつけていい「支援」です。

居心地のいい家の存在は、外へ出る元気を養う可能性と、ますます外に出たくなくなる可能性の両方を秘めています。どちらに転ぶかは、ケースバイケースです。片方をしばらく試してみて、だめならもう片方に変えるべきです。実際、こちらが「じゃあ家の居心地を悪くしてください」とお願いすると、やっと動きが出始めるケースが珍しくないのです。

小遣いも同様です。小遣いを渡して行動範囲が広がり、外につながっていくのであればいいのですが、その小遣いに甘んじて何もしないタイプもいます。引きこもりには物欲がない人が多く、更に稼いで何かを買いたいという気持ちにはなかなかなりません。そのため「小遣いを渡すのをやめて下さい」とお願いすることもしばしばあります。

私たちのところへ相談に来る親の過半数が、「居心地よく」と心がけています。それは意図した「支援」としてだけでなく、どうしていいか分からず本人の要求をただ聞いているだけという場合も含みます。ですから私たちは必然的に、「じゃあ居心地を悪くしてみましょう」とお話しすることが多くなります。本人の抵抗も予想されますから、居心地を悪くする方に切り替えるのは大変です。ですが、引きこもりの当事者も、抵抗する人ばかりでなく、「やっと動くしかない状況が来た」「自分では押せない背中を押してもらった」とすんなり動き出す人も、実は一定数います。彼らは、外に出る理由を待っていたのです。

家の居心地は、良くしても悪くしてもいい。どちらで動くかは人による。だからどちらかを試して、だめなら逆をやってみる必要があるのです。動き出さない人に居心地のよい環境を提供し続けると、甘えや逃げがどんどん定着し、ますます動きにくくなってしまいます。

「まず我が子を理解しましょう」にも限度がある

（事例10）

母「様々なセミナーに行ったり、本を読んだりしました。子どもの気持ちが分かれば、心を開いてくれると思って」

（事例11）
母「子どもの引きこもりを相談したら、『理解が足りないから』と言われました。だからもっと理解しなければと思って、今日講演会に来ました」

そもそも人の気持ちを本当に理解するなんて、できるのでしょうか？

「まず理解を」というやり方には、この根本的な問題がつきまといます。親子なら必ず理解し合えるなんて幻想にすぎません。でなければ、親子の問題や事件がこんなにも世間に溢れるはずがありません。

それでも、部分的な理解はできる可能性がありますし、理解しようとしている姿勢が本人に伝わることもあります。理解しようとすることを無駄だとは思いません。

ですが、引きこもりにも親の理解で動けるタイプと、それは全く関係ないタイプがいます。どんなに親に理解をしてもらっても、理解のない外の世界にはやはり出られない人もいれば、初めから全く親の理解など意に介さない人もいます。ですから、「まず理解を」という考え方も、どこかで見切りをつけるべき「支援」なのです。

引きこもりから抜け出し、寮から自立していった卒業生たちに「親と理解し合えていると思うか？」と聞いても、「はい」と答える人はほんの一握りだと思います。ほとんどの人が「親に感謝している」とは言いますが、理解してもらえた実感があるかどうかはまた別の話です。

親の本当の目的は、我が子を理解することではなく、引きこもりの問題を解決することのはずです。「自分の子ではあっても、本当の理解はできないもの」という前提に立ち、その上で何ができるかを客観的に考える方が建設的なのではないでしょうか。

「会話ができるようになってから」を待つな！

（事例12）

母「何も話をしてくれないんです。どうやったら子どもが会話をしてくれるでしょうか」

（事例13）

父「まず息子と話ができるようになってからだと思うので、そちらの支援はそれから考えます」

まず親子の対話を目指すのも、よくあることです。前項の理解と少し似ていますが、前項は親が常にそうして寄り添いたいと望んでいるだけなのに対し、こちらは次に進むための前提であり、第1ステップであると考えている親が多いです。

確かに、親子の会話で全てが解決すれば、どんなにいいでしょう。そういう流れを望む親の気持ちも分かります。私たちが実際に支援した中でも、親だけで子どもを上手に説得して寮に連れて来たケースや、訪問初回から会って話ができるように親が段取りをつけてくれたケースもあります。

ただ、たくさんのケースを見ている中で思うのは、「親子の会話ができるかは、こちらに相談に来る時点でほぼ決まっている」ということです。引きこもって一時的に途切れていたとしても、元々は親子の対話が成り立っていたなら、再びそれを取り戻す可能性はあります。ですが、引きこもる以前から「親子の対話」がなかったのに、それを急に生み出そうとするのは大変ですし、実際にうまくいった経験は私たちにもほとんどありません。

親子に会話がなくても、支援は可能です。親の意志を伝える方法は色々とあります。例えば、私たちも支援の最中に、親に手紙を書いてもらうことがよくあります。急に会話をしようとしてもぎくしゃくしますが、手紙なら十分に伝わります。それでいいのです。本人の自立より親子の対話を実現させる方が難しい、と思えるケースも多々あります。それならさっさと本人への支援を始めて、なるべく年齢が上がらないうちに次のステップを踏んだ方がいい、と私たちは考えています。

親子の対話を後回しにして支援を始めると、親子仲が悪くなったらどうしよう……という心配をされる方もいます。ですが、私たちが実際に関わってきたケースの多くでは、引きこもった状態から家を出るゴタゴタなどで一時的に親子関係が悪化することはあっても、自立して本人が落ち着くと元に戻ります。引きこもる前に会話ができていたならまた会話するようになりますし、元々あまり会話がなかったなら自立してもやはり同じです。親子関係が急によくなる・悪くなるということはめったにありません。

さらに言えば、会話があれば支援がうまくいく確率が上がる、という感覚は正直ありません。もちろん始まり方は多少スムーズにはなりますが、自立や一人暮らしなど支援した結果は、会話の有無と相関関係があまり感じられないのです。

ですから、私たちは親子の会話の有無は重要視していません。しばらく会話を試みてみて、だめならあっさり諦めてしまっていい「支援」だと思っています。会話がなくても、引きこもりの解決はできます。

「我が子に嫌われる勇気」を持てているか

（事例14）

母「本人は一人暮らしをしています。毎月決まった額を渡していますが、お金が足りないという連絡が来たら、また渡します。かわいそうですし、お金のことで揉めるのが嫌なので」

（事例15）

父「息子は4年も浪人しているので、親としてはもう働いてほしいです」
スタッフ「じゃあそういう風にお話ししてみたらどうですか？」
父「いえ、最初に大学を勧めたのは自分なので、それを覆すようなことは言えません」

親子仲が良く、一緒に外食にも行き、会話もできている。そんな親が関係を崩せず、動かせずにいるケースです。このようなケースでは、親が「子どもに嫌われると動かせなくなる。この関係を崩さないようにしなければ」と考えてしまっています。単純に、我が子に嫌われたくない、せっかく会話できる状況を壊したくない、と思っているケースもよくあります。

こういった親の特徴は、子どもの顔色を見てしまって、子どもに親の本音を言えていないことです。本音を言わず、その場その場を何となく雰囲気を悪くしないようにやり過ごしています。ですが前項でお伝えした通り、親子関係が一時的にゴタゴタしても、話をしてくれなくなっても、落ち着けば元に戻ります。会話があるようないい親子関係でなければ動かせない、ということもありません。

定年退職して家にいるようになった父親が息子の状況を目の当たりにし、食事のたびにストレートに口うるさく説教して、本人は父と日中一緒にいるのを嫌がるあまり、引きこもりを脱した……というケースもあります。ここであえて父親が優しく接する努力をしていたら、そのまま引きこもっていたかも知れません。

お金の渡し方によっても、状況が更に悪化する可能性があります。要求額がどんどん上がるのは珍しくありません。借金を親がすべて返済し、ブラックリストにも載らないので、子どもがさらに借金を繰り返しているケースもあります。

あえて厳しいことを言い、時には突き放すことも親の役目のはずです。優しくするだけではだめだと判断したら、躊躇せず、「今は嫌われてもいい。思い切って言うべきことを言っていこう。いつか分かってくれる」と切り替えてもらいたいのですが、その決心がつかない親がたくさんいるのが現状です。

原因を見誤った、ズレた対策

〈事例16〉

母「10代から引きこもっているので、もう就労して欲しいんですよ。とにかくこちらで何かスキルをつけさせてもらえば、何とかなると思うんです。友人ですか？　高校時代から特に仲のいい人はいないと思います」

（事例17）

母「昼夜逆転を何とかしたいんです。たまにコンビニにも行きますが、昼夜逆転なので、夜中しか出ないんです。規則正しい生活をさせれば、色々とやる気になるんじゃないかと」

（事例18）

父「うちの子はゲーム依存です。一日中ゲームばかりしているから、外に出る気にもなれない。何とかしてゲームと引き離したいんです。まずはそれからだと思っています」

この３つの事例は、どれも親の考える支援の目的がズレている、と思えるケースです。

事例16は、スキルより何より、まず人間関係が作れるようになることが第一歩です。でなければスキルや資格を取って就職できたとしても、結局人間関係で辞めることになるでしょう。

事例17は、昼夜逆転の解消が先決だと思っていますが、引きこもりが昼夜逆転になるのはごく当たり前です。コンビニに夜行くのも、昼夜逆転が原因ではなく、日中知り合いに会いたくない、日中出ると働いていないと分かってしまうから、などの理由が考えられます。「規則正しい生活をせよ」と言うだけでは何も変わりませんが、日中に用事を作れば朝起きるようになります。まずは支援者などと会う約束をさせる、通える場所を作るといったことから試みるべきです。

事例18では、親はゲーム依存を引きこもりの原因と見ていますが、本当にそうでしょうか。引きこもり時にゲームに没頭していた寮生たちに聞くと、「やることがないから」「現実逃避で」「別に楽しいわけじゃない」と語っています。何もすることがないからゲームをしていた人が大半です。ですから、ただゲームをやめさせようとしてもうまくいきません。他にやることを作る方が有効です。

原因を見誤っていると、支援の目的もズレてしまいます。しばらくやってみてうまくいかなければ、「もしかして、ズレたことをやっているのかも知れない」と考えてみることも大切です。

いつまでも「お勉強」ばかりしていても無駄

〈事例19〉
父「今日は相談に乗っていただき、ありがとうございました。勉強になりました。今後のことは、また夫婦で話し合ってみます」

講演会などのアンケートを見て、「ああ、この親は多分動き出さないな」とこちらが思うのは、感想に「勉強になりました」と記している人たちです。いつまでも勉強や情報集めばかりをして何となく見守っている人や、本人の希望を聞くだけで時間が過ぎている人がたくさんいます。考えた上での具体的な「支援」は、何もしていません。

情報集めは大切ですが、情報収集だけでは分からないことが多々あります。うまくいく支援も、簡単には見つかりません。それどころか、長年支援活動をしている私たちでさえ、しばしば迷います。経験から「これが一番適しているのでは？」と思う支援でまずは始めてみて、反応を見ながらその都度どうするか考えるのが普通です。途中でガラッとやり方を変えることもよくあります。ですから、「実際にやってみること」が大切です。百聞は一見に如かず、です。

一番いいと思える時間の使い方は、次の通りです。

引きこもって最初の1年は、どうしても見守りがちになりますから、そこでしっかり勉強し、どんな支援をするかを決めておきます。

1年が経過しても引きこもったままなら、実際に支援を始めます。また、その支援がうまくいくか分かりませんから、やりながら本人の反応という情報を集め、勉強して次の支援のことも考えておきます。

支援が1～2年を過ぎてもまだ状況が変わらなければ、別の支援に移ります。最初の支援が「親の対応を変える」であれば、このタイミングでは第三者を入れることを勧めます。ですから最初の支援と同時進行で、支援団体などの情報集めをし、いくつか相談や見学を済ませ、依頼先を決めておくことが望ましい。そうやって支援の空白を作らないようにします。

何度も支援を変える手間を省く意味では、早めに支援者の意見をもらうなど、より効果的な勉強が必要です。それぞれの勉強の時間は、1年程度で十分です。「こういうことをしたら、こういう反応が来た」という新たな子どもの情報が得られない状況なら、それ以上は勉強しても深まらないでしょう。

現に私たちの講演会などのイベントに、何度も何度も足を運ばれる方がいます。最近は年4回開催するので、2～3回参加した後に支援を希望される親は多くいます。ですが、5回以上参加されて、実際に支援を申し込んできた方はめったにいません。そういう方がよく書く感想が、冒頭の「勉強になりました」です。

親の勉強には期限を設け、その後はきちんと行動に移さなくてはなりません。そこがスタートであり、勉強だけでは、何もしていないのと同じです。

親の本気度で「支援のギアを上げる」も変え方の一つ

（事例20）

父「もう5年も引きこもっているので、家を出ろとは言っているんですけどね。困っちゃいますね、どうしましょうねえ。支援は、今すぐは考えてはいないです。もう半年くらい様子を見てからでもいいかなと」

（事例21）

母「もう40代になりますし、本当は自分で食事のこともしたらいいと思うんですが。買い物くらいは行けるはずなのに、言っても行かなくて」

スタッフ「じゃあ食事の支度を止めてみたらいいんじゃないでしょうか」

母「えー、でもそれじゃ栄養が……。体調が心配ですよね」

スタッフ「いっそのこと、数週間くらい旅行にでも行ってみたらどうですか？　必要ならこちらが訪問して様子を見ますよ」

母「えー、でもそうすると、地域のゴミ当番ができなくなるので困ります」

この事例の親たちは、まだ本気で我が子の引きこもりを何とかしようとしていません。少なくともゴミ当番より息子の引きこもりの解決を、と思っていただかなければ、こちらは何もできません。

大半の親は困って相談に来るのですが、「この方は困っていないな」と思える親が時々います。そういう方は、相談には来たけれど、その後、支援の依頼も状況報告の連絡もなく、今はどうなっているのか不明、となりがちです。

「ちょっと訪問してくれたら、何とかなるんじゃないかしら」と簡単に考えている親も時々います。本人の兄弟や祖父母が心配して相談に連れて来ているのに、親はのほほんとしているケースもあります。

生活の面倒を見ている親か、本人のどちらかが本気になって何とかしようと思わなければ、5年も引きこもっている人や、40代になってしまった人の状況はなかなか変わりません。親が本気にならないまま支援を依頼されても、うまくいかない可能性が高いため、こちらが支援をお断りするかも知れません。こういった親に私たちがかけられる言葉は、残念ながらあまりありません。強いて言うなら「本気になってください」でしょうか。

兄弟や祖父母の本気の説得も、状況を変えるきっかけになります。兄弟が強く親に迫り、親がやっと重い腰を上げたケースも、少ないながらあります。

親が「本気で何とかしなければ」と思うタイミングが来たら、支援のギアを上げるのも一つの考え方です。同じ支援でも、ギアが上がって取り組む姿勢が変われば、手助けする周囲の対応が変わり、自ずと結果も変わってきます。親の本気度は、支援結果にかなり影響するのです。

「暴力に耐える」は無意味かつ有害

（事例22）

母「子どもが殴ってきます。私は骨折をしたこともあります。あの事件のようになるのではないかと、心配でたまりません。他人に危害を加えるくらいなら、私が殴られていればいいと思っています」

子どもからひどい暴力を受けている場合は、「何かを試してみて」などと言っている余裕はありません。今すぐ対応を変えるべきです。

まずはしっかりと暴力を拒否することです。殴られるのは嫌だと伝え、時には警察を呼ぶことも効果的です。我慢していても、暴力はだんだんエスカレートします。他者に暴力が及んだら……、と心配する親も多くいますが、第1章でお伝えしたように、他者への暴力と親への暴力は別物です。そこは気にする必要はありません。

次の段階は、暴力が届かない物理的な距離を取ることです。私たちは、本人を入寮させる、親が家を出るなど、別居を勧めています。

長く暴力を受けている、あるいは過去に受けていた親は、耐える思考回路が染みついています。恐怖心もあります。どうしても毅然とした態度が取れず、また暴力の中へ戻って行ってしまうのです。ひどいＤＶを受けているのに、ついつい夫の元へ戻ってしまう女性の心理と、よく似ています。

せっかく別居したのに、わざわざ子どもに会いに行って暴力を受けることを繰り返す親もいます。「暴力を受け止めることが自分の役目、愛情表現、贖罪」と考えているようで、私たちが何度止めても、なかなか訪問をやめませんでした。こういう心理状況になると、親自身の判断力は全く頼りになりません。周囲が止めるしかないのです。

子どもからの暴力を受けている人をご存知の方は、ぜひ「耐えてはだめだ」と伝えてください。言っても聞かないようなら、第三者の介入なしにはどうにもなりません。適切な相談先を探し、多少強引にでも相談に連れて行っていただければと思います。

（事例23）
母「5年通院しています。特に病気ではないと言われ、カウンセリングを受けて軽い睡眠薬などをもらっています。ですが症状はそれほど良くならないし、薬が効いている感じもしません」

（事例24）
母「ある支援者にお願いして、3年間、毎月訪問してもらっています。でも本人には一度も会えず、いつも私と話をするだけで終わってしまいます」

第2章でお伝えした通り、内閣府の調査では、引きこもっている人のうちおよそ44％はどこかに相談した経験があります。私たちに相談に来られる方でも、およそ6～7割は相談経験があります。病院や行政の相談窓口といった、医療機関や無料の相談にまず行くことが多いので、私たちのような民間の有料相談はその次の選択肢となる場合が多いからでしょう。

どこかに支援を依頼したら、一定期間は信じてそこのやり方に従ってみましょう。色々と自分の考えをはさんでしまうと、その支援の真価を問うことができません。私たちが支援をする中でも、「親はこういう対応をしてください」というこちらの指示に従ってくれず、そのため結果にもつながらず、支援を途中終了するケースが時々あります。納得し切れないことがあったとしても、一度任せたのなら「自分には理解できないけれど意味があるはず」と信じてやってもらいたいと、支援者の立場からは思います。ですが、やはり効果が見えないなら同じ支援を続けても意味がなく、どこかで見切りをつけなければなりません。前述したように、その期間を、私たちは2年と提案しています。

私たちのような民間の、ある程度料金がかかる支援を受けている場合は、ダラダラと続けることは稀です。ですが、行政の相談や親の会などあまりお金がかからない支援の場合は、長く続けてしまっている人が多くいます。特に親の会の場合、親同士の関係ができているからか、見切りのタイミングがより遅れる傾向があると感じています。親がそこで安心感を得ているというのもあるでしょう。私たちが直に知る他の支援の中で、利用期間の長さでは、親の会が群を抜いています。他の支援だと1年から5年くらい続けても効果がないので私たちの所に相談に来たというケースがほとんどですが、親の会の場合は10年20年通っているというケースが全く珍しくありません。

支援が本人に本当に合っているのかどうかは、客観的に考えるべきです。私たちの支援も例外ではなく、全ての人に合うとはとても言えません。そして違うと判断したなら、それまでに費やした金額や時間、培った関係性にとらわれず、支援は変えていってほしい。それが早い解決につながるのだと、知っていただきたいと思います。

「本人の意志」を尊重しすぎるな

（事例25）

父「本人が『とにかく大学に行きたい』と言っているので、まずはそれを叶えてあげようと思います」

スタッフ「そうすると、全く働いた経験のないまま30代を迎えることになりますよ。バイトでも何でも働く経験をさせてみる方が、今は大切ではないですか？」

父「ですが本人がそれを望んでいるので……」

（事例26）

母「寮生活をさせたくて、本人に話してみました。いやだと言いましたので、残念ですが今回はあきらめます」

次にお伝えしたいのは、「本人の意志をどこまで尊重するのか」という問題です。たいていの親は、本人の希望に沿うことが第一だと思っています。ですが、ここで止まってしまい何もしない親が、「見守る」「待つ」で止まっている親の次に多くいます。

「こういう資格を取りたいから勉強したい」「もう少しそっとしておいてほしい」などと子どもに言われたら、親はつい聞いてしまいます。何かしらの支援を受けるには、本人の了解を取ってから行うべきだとも思っています。もちろん本人の意志は尊重されてしかるべきですが、「どこまで尊重するか」は、考えなければなりません。引きこもりの解決のためには、時には意志に反することもする必要があるのです。

本人の意志を全てと考えるべきではない理由は、4つあります。

1つ目は、社会経験や知識のなさです。事例25では本人は大学進学を希望しており、親もそれを認めています。ですが、いざ働こうとした時、たとえ大卒であっても職歴のない30代がどんな風に見られるかを、本人は理解していない可能性があります。よほどのことがない限り、普通の大学生のように就活して就職するのは無理ですが、友人関係が途切れていれば、「そんなの無理だろ！」と忠告してくれる人もいないでしょう。

どんなに進学が本人の希望であっても、その先に本人が描いている未来がつながらないと周囲が分かったなら、きちんと伝えてあげるべきです。でなければ大学を卒業したもののそこで想像していた未来とのギャップに苦しみ、再度引きこもる可能性が十分にあります。社会に出た経験や知識がなければ、こういった判断をするのは難しいものです。本人の希望だからとそのまま聞くのではなく、親や周囲が客観的視点で判断を助けていく必要があります。

2つ目は、本人も引きこもり支援の素人であることです。親は引きこもり支援の素人であるという話をしましたが、実は本人も引きこもりの解決については素人なのです。私たちの印象では、過半数の方は正しい判断ができません。それほど引きこもり支援は複雑ですし、自分を客観的に判断するのは難しいのです。

3つ目の理由は、引きこもっているうちに、思考も体も鈍ることです。引きこもりの生活は、心身共に健康的とはとても言えません。引きこもりで変化のない生活をしていると、変化への恐怖心が高まります。体も毎日通学通勤をしていた頃に比べ、動きづらくなります。私たちは「引きこもりの心と体になる」という言い方をしていますが、心身共に動きが鈍くなり、楽な方へ流れがちになります。病気にまでならなくても、本当に健康だった頃とは少し違います。本人の思考力や判断力は鈍っているのです。

最後の４つ目は、「意志がない人もいる」ことです。「最初はどうしようと色々考えるけど、引きこもって何年も経つと何も考えなくなってくる」と寮生からはよく聞きます。だんだん意志がなくなってくるのです。

そもそも若い世代や引きこもり傾向のある人はあまり欲がない人が多く、寮生にやりたいことを聞いても「別に」「普通になりたいかな」くらいしか答えが返って来ないことがよくあります。最初からこれといった強い意志がないのです。親世代は生きる力や意欲に溢れている人が多く、子どもも本来は自分たちと同じような意志があるはずだと考えていますが、実際はそうではありません。その世代間の溝は、おそらく親世代の想像をはるかに超えます。

親は「何か意志があるはず」と思い、何とか引き出そうと会話を試みますが、本人の中には特に意志らしい意志がない。それでも何度も親に聞かれ、とにかくそれ以上聞かれたくないために、または何もない自分はだめなのかなと思って、無理して答えを言っている場合もしばしばあります。そんな引き出し方をした意志や希望が、本物であるはずがありません。

親が思うよりも、「本人の意志」は実はとても頼りないものなのです。

リスクのない選択肢はない

（事例27）
母「何かしなければいけないとは分かっていました。でも、間違えるのが怖くて。何もできないまま、時間が過ぎてしまいました」

（事例28）
父「そのやり方で、本当に大丈夫ですか？　絶対にうちの子は引きこもりから外に出られますか？」

この章では、様々な思考の変え方や行動の変え方をお伝えして来ましたが、実際に行動に移すのはなかなか大変です。そんな時に、ある種の恐れと共に発せられるセリフがあります。「それで大丈夫か」「リスクはないのか」です。

はっきり言ってしまえば、リスクがゼロの支援なんてありません。どんな支援にも、何かしらのリスクが伴います。選んだ支援が本人に合っていないかも知れませんし、親子の関係が一時的に悪くなり会話もできない状況になるかも知れません。親が態度を変えた途端、急に暴言や暴力が始まるかも知れません。そうした要素を事前にぜんぶ洗い出しておくことなど不可能です。

忘れるべきでないのは、リスクを恐れて何もしない場合にも、「引きこもりが長期化するというリスク」は高まり続けていることです。何も選ばず、結論を先送りにすると、現状は止まっていて変化がないように見えます。ですが年齢が上がり、ブランクも長くなると、引きこもりの心と体になって、どんどん動きづらくなります。すなわち、何かを選択することも、選択を先送りにすることも、全てにリスクがあるのです。

私たちは「1歩進んで2歩下がっても、動いたのは3歩」と伝えるようにしています。

どれだけ進んだかより、どれだけ動いたかの方に価値があります。たとえ失敗しても、それを糧にして次に進めばいいのです。失敗も大事な経験であり財産です。それは引きこもっている本人にも、その親にも言えることです。

寮生たちに「どんな親だったら引きこもりから動き出しやすかった？」と聞くと、「肝っ玉母さん」という答えがよく返ってきます。心配そうにしないで、「大丈夫だよ」とドーンと送り出して欲しかった、という気持ちが見えます。

まず親自身が、どんなにリスクがあっても「大丈夫！」と構えて行動することです。そうすれば、我が子にも「ほら、大丈夫だから！」と言えるようになります。そんな親であれば、そもそも子どもは引きこもらなかったし、引きこもっても比較的すぐ動き出せたのではないでしょうか。

今からでもそういう親になることを目指し、まずは行動すること。そしてうまくいかなくても軽やかに切り替えていくことです。親のそんな変化が、子どもの変化に、支援に、問題の解決に、つながっていきます。

第5章　引きこもり支援のこれまでとこれから

「引きこもり」の誕生

「引きこもり」の名付け親は富田富士也先生です。富田先生は教育・心理カウンセラーで、著書も多数あり、千葉大学・千葉明徳短期大学などの講師や客員教授も務めておられました。日本精神衛生学会などの理事もしており、現在は引きこもりだけでなく広く子どもの問題に注力しているようです。

富田先生は１９８０年代に千葉県で青少年の民間教育相談を行っており、人間関係が苦手で家にこもる傾向がある青少年を「引きこもり」と呼び始めました。引きこもりという言葉はその後、青少年の問題に携わる相談機関や精神科などで定着し、使われるようになります。思春期の問題について研究・治療に取り組んでいた、精神科医で筑波大学助教授だった故・稲村博先生もその一人でした。

ニュースタート事務局理事であり創設者の二神が、イタリアに不登校など悩みを抱えた若者を送るニュースタート・プロジェクトの準備をしていた1993年。「子どもを参加させたい」と言われて面談のために家庭を訪問したが、部屋から出て来ず会えない人が何人もいた……というのが、ただの言葉上の知識だった引きこもり問題に、私たちが実際に直面した最初です。

当時の相談先は精神科が主でした。プロジェクトで会う若者たちのほとんどが精神科に一度は行ったことがあり、半分以上が服薬中でした。処方された何種類もの薬を持ってイタリアに行き、イタリアの精神科医に「子どもにこんなに薬を出すなんて犯罪だ!」とまで言われ、日本の精神科の問題を感じた記憶があります。

この頃はまだ、引きこもりは思春期の問題であり、不登校などと深く結びついているという認識が一般的でした。20代の引きこもりも、不登校がそのまま継続したような捉え方をされていました。

1998年に、現在も引きこもり業界で活躍されている精神科医の斎藤環先生が、著書『社会的ひきこもり――終わらない思春期』(PHP新書、2020年に改訂版で復刊)を出版しています。斎藤先生は前出の稲村先生の指導を受けていました。ただこの著作の中でも、やはり引きこもりは不登校とかなり関連付けられています。

寮のある施設は少ないながらもあり、タメ塾（現ＮＰＯ法人青少年自立援助センター）やはぐれ雲（ＮＰＯ法人北陸青少年自立援助センター）なども、この頃からずっと寮の運営を継続しています。ですがやはり、中高生の不登校や退学者など、10代の支援施設ばかりでした。

１９９９年にはＫＨＪ全国ひきこもり家族会連合会が創設されています。私たちニュースタートもイタリアのプロジェクトを終え、１９９８年から訪問活動を、翌年から寮の運営を開始しました。このように様々な支援活動は90年代から始まっています。

90年代は、未成年による重大犯罪が多く起きた時代でした。１９９７年の酒鬼薔薇事件とも呼ばれる「神戸連続児童殺傷事件」がその代表です。犯人は当時中学生でした。逆に不登校で家庭内暴力の中学生の息子を、東大卒の父親が殺害した「東京湯島・金属バット殺人事件」は１９９６年のことです。

当時は、事件を起こすような暴力性のある青少年の問題がクローズアップされ、おとなしい引きこもりは一般的にはさほど大きな問題とは思われていませんでした。

やたらに多かった大学不登校

思春期にある中高生の不登校から始まると思われていた引きこもりですが、私たちのところに舞い込む相談は少し違う傾向がありました。大学不登校がやたらと多かったのです。しかも、早稲田大学や慶応大学など、いわゆる優秀な大学の学生が中心でした。大学不登校から、多くが引きこもりになっていました。

親はこれまで子育てがうまくいってきただけに大いに心配し、人生の勝ち組のレールに戻したいと願い、相談してきていました。1998年にはレンタルお姉さんによる訪問活動を始めていましたので、実際に支援をしていたのですが、この大学不登校の解決は簡単ではありませんでした。親は大学に戻ってまたレールに乗って欲しいと願うのですが、ふつうに外出ができるようになっても本人は大学には戻れないのです。彼らは心の奥深くで、大学へのNOを発していました。

彼らは総じて、将来への目標や大学に行く目的を見出せずにいました。時代はバブル崩壊後で、大人たちもこれまで信じていた一本道が急に消え、迷走していた頃です。大人が若者たちへの指標を示せなくなっていました。頭のよさ故にそこに気付いてしまった彼らは、一生懸命勉強して乗っかったレールに意味を感じられなくなり、不登校になり、次の目標が見つからないから社会にも出られず、引きこもってしまったのです。

　この頃から、「これは社会の問題だ」と、二神は一貫して言い続けています。引きこもりの原因は複合的ではありますが、親との関係、周囲との人間関係、学校との関係ではなく、若者たちに未来を見せられない社会が主な原因であると、繰り返し説いていました。彼らのＮＯは大学にではなく、その先の社会に向けられたものだったのです。

　そんな大学不登校やそこから引きこもった人たちに、どうやったら新しい目標や目的を見つけてもらえるのか。「寮で、同じような仲間と暮らすことからだ」と二神は思い、彼らの行先を探すのですが、先に述べた通り当時の主な支援対象は中高生の不登校で、成人の対応を主としている寮がありませんでした。

　そこで１９９９年に、自ら寮を開設するに至ります。レンタルお姉さんは、「出て来られないなら行けばいい」という1人の女性スタッフの意見から始まったもので、当初から引きこもり支援を念頭に置いていました。それに対し寮は、「目的喪失の若者」を支援するためのもので、引きこもり支援として始まったものではありませんでした。今も変わらない「こちらが指導しない」「治すという考えではない」というスタイルにも、二神の当時からの意向が反映されています。

イタリアでホストファミリーを担ってくれた宮川さん夫妻は、参加した日本の若者を「感性が鋭く、時代を先取りしている」と評していました。ですから二神は、彼らが日本社会の何にNOを発しているのかを知れば、そこから日本社会の進むべき道が見えて来ると考え、「彼らから学ぶ」という意識を常に持って対応していました。

自分なりの価値観を作ってもらうためには、とにかく様々な体験を積ませる。そして仲間と一緒に自分のこれからを考えていく。「上の世代にできるのは体験の場を用意することだけだ」と、価値観を押し付けることはしませんでした。その思いが、二神の初めての著書『希望のニート』というタイトルにも表れています。

今はさほど珍しくはない「引きこもりは社会の問題」という考え方ですが、そう判断できるだけの兆候は90年代にはすでに出ていたのです。

「引きこもり」という言葉が広まった2000年

90年代、引きこもりは世間の認知度はそれほど高くないまま、静かに広がっていました。ですが、2000年になって2つの事件が起きます。9歳の少女を誘拐し9年間監禁していた「新潟少女監禁事件」と、高速バスをハイジャックし3人を死傷させた「西鉄バスジャック事件」です。この事件はどちらも「引きこもりによる事件」として、マスコミに取り上げられます。引きこもりという言葉は一気に広まり、一般的に認知されるようになりました。引きこもりへの問題意識も高まりました。

厚生労働省による引きこもりの研究班はこれまで数回組まれていますが、最初に研究班が組まれたのは、この２０００年です。研究結果がガイドラインとして公刊されたのが２００３年になります。

翌２００１年には、小学校での無差別の切りつけによって８人が死亡した「大阪池田小事件」も起きています。犯人は引きこもりではありませんが、精神科入院歴がありました。引きこもりは今以上に精神科に通うものというイメージが強い時代でしたから、混同している一般の方々は、引きこもりに更に不安を覚えただろうと思います。この頃、斎藤先生の『社会的ひきこもり』は発刊から時間が経っているにもかかわらずベストセラーになりましたし、私たちへの相談も爆発的に増えました。当時は相談機関が少なかったせいもあるでしょうが、２００１〜３年頃は、ニュースタート事務局の25年以上の歴史の中でも、相談数が一番多かった時期です。寮も目的喪失の若者ではなく、引きこもり対応の色合いが一気に強くなります。

様々な引きこもり支援が増える中、支援団体によるトラブルも報告されるようになります。不登校や引きこもり対応について、当時よくマスコミに取り上げられていたのが長田《おさだ》百合子さんです。親や子どもを強く叱りつけて家から引き出す場面が放送されたのは、衝撃がありました。その長田さんは、元寮生から損害賠償請求の裁判を起こされ、2007年に敗訴しています。2006年には長田さんの妹である杉浦昌子さんが運営する施設で死亡者が出て、杉浦さんは2007年に実刑判決を受けています。いわゆる「アイ・メンタルスクール事件」です。

この事件について、戸塚ヨットスクール事件を想起される方もいるかも知れませんが、少し違いがあります。戸塚ヨットスクールは引きこもり支援の施設ではなく、ヨットの指導をするスクールとして設立されています。非行や暴力などの問題を抱える青少年を受け入れ、ヨットの指導を通じて更生させるという活動を行っていました。「戸塚ヨットスクール事件」と呼ばれるものは、1979年から1982年にかけて4名の寮生が立て続けに死亡した事件です。この頃は非行や校内暴力の発生がピークで、引きこもりどころか不登校ですら、問題としては小さい扱いでした。事件で逮捕され服役した所長は2006年4月に出所するのですが、仕事復帰後すぐの同年10月にまた死亡者が出ます。戸塚ヨットスクールはその後、２００９年と２０１２年にも死亡者を出しています。支援現場を実際に見たわけではないので、支援内容の是非についての論評は控えますが、この頃は「引きこもり支援＝スパルタ」のイメージがついていたのは確かです。

行政による支援の開始と引きこもりの高齢化

その後の10年程は、引きこもり業界は比較的静かでした。

事件としては、２００８年の７人が死亡した「秋葉原通り魔事件」や、２０１０年に両親や兄弟とその家族５人を殺傷した「豊川市一家５人殺傷事件」などがありますが、いずれも単発で、引きこもりが大きく取り上げられるような現象は起きませんでした。

この間、行政による様々な支援が始まります。

２００６年には、地域若者サポートステーション事業が開始。最初は25箇所からスタートし、年々増え、現在は全国１７０箇所を超えました。一方、全都道府県及び政令指定都市に設けられているひきこもり地域支援センターは、２００９年より設置が始まりました。２０１５年には生活困窮者自立支援法が施行されています。

2010年には内閣府が15～39歳を対象の引きこもり調査を実施しました。第2回は2015年に調査が実施され、翌年に結果が発表されています。この調査結果は、本書の中でも引用しています。

市区町村による引きこもり支援も、この頃から様々な試みが始まっています。高齢者支援に引きこもり支援を組み込むなど、成功事例として評価される秋田県藤里町の取り組みは、元となる訪問調査を2010年から開始したようです。比較的最近では、岡山県総社市の取り組みも成功事例として取り上げられています。こちらは2015年に基礎事業を始め、2017年に支援センターを設置しています。

このように行政による支援場所が増える一方、別の問題も水面下で広がっていました。引きこもりの長期化・高齢化と、「引き出し屋」の問題です。

強引に家から連れ出し、その後もまともな支援をせず、高額な料金を請求するといった引き出し屋の問題が出始めたのは2017年頃からです。批判が集まる、提訴されるなどを経て、いくつかの団体は解散や倒産に至っています。

引きこもりの高齢化については、かなり以前から言われていました。近年は人手不足もあり、若い新たな引きこもりは減少傾向にありました。ですが一度引きこもった人を大量に社会復帰させたような話は全く聞いたことがありませんから、１９９０年代に引きこもっていた人などは、その多くがそのまま現在に至っているはずです。ならば中高年引きこもりがかなりの数に及ぶことは、簡単に想像がつきます。

それを裏付ける調査結果を行政が初めて出したのは、２０１３年の山形県の調査ではないかと思います。この調査で最も人数が多いのは30代ですが、40代以上が全体の44・6％を占めています。その後も島根県、山梨県、青森県などが次々と調査結果を発表し、いずれも40代以上の引きこもりが相当数存在することを示唆しています。

昨今よく話題になる、80歳の親と50歳の引きこもり本人が家に居る状況を表した「８０５０問題」という言葉を耳にするようになったのも、２０１７年頃からです。

それを受けて内閣府も２０１８年に40～64歳を対象とした調査を実施、２０１９年３月には「39歳以下の引きこもりよりも人数が多い」という結果を発表しました。中高年になってから新たに引きこもった人もかなりおり、この年代については「減る要素がない」とまで思わせるものでした。

まさにそんな調査結果を証明してしまうかのように、中高年引きこもりに関連した事件が連続で起こります。２０１９年５月のスクールバスを待つ児童や保護者らを加害者

（当時51歳）が次々に刺して2人が死亡した「川崎市登戸通り魔事件」と、同年6月のエリートの父（当時76歳）が引きこもりの息子（当時44歳）を殺害した「元農水事務次官長男殺害事件」です。

これで中高年引きこもりの問題は一気にクローズアップされましたが、まだ芳しい対処方法などは出ていない、というのが2020年時点での状況です。

このまま進むとどうなる？

ここまでの歴史を踏まえ、大きな変化もないまま進んだ場合はどうなっていくのか、考えてみたいと思います。

8050問題は、ほぼ間違いなく9060問題や、親が亡くなり孤立する当事者、という方向に向かうはずです。そして現在7040の方々が新たに8050となります。中高年引きこもりの問題のピークは恐らく5～10年後であり、今はまだ序章です。

そう感じる理由は、親のパワーが年齢と共に落ちていっていることです。親は体力的にも、精神的にも、そして経済的にも、子どもを支えられなくなるのが目に見えている、またはもう支えられなくなっています。私たちのケースでも、人数的には多いはずの40

代50代の引きこもりを抱える親からの相談は実はとても少なく、たまにあっても親が状況を変える決断ができず、実際に支援に至る人はほんの一部です。ほとんどの親は我が子を動かすどころか、自分の考え方を変えるパワーすらありません。これでは更なる長期化は必至で、いずれかのタイミングで行政とつながり、生活保護ないしは生活困窮者支援を受ける方が大半になると思われます。この年齢層への行政や民間の支援も、そういう方向にいかにスムーズに乗せるかを考えている印象があります。

親の代わりに兄弟が相談に来るケースも、かなり増えていくでしょう。ただ兄弟は、親子以上に関係性がデリケートです。兄弟にも配偶者や子どもなど家族がいて、親のように本人を第一に考えることも難しいのが現実です。兄弟からの相談は増えるものの、解決できる確率はあまり高くならないでしょう。

行政による引きこもり支援は、現在は数が揃ったところで、これからは中身の充実を図る時期です。結果を出している自治体から学ぶなどして、全体の底上げはできていくはずです。今は地域格差がかなりありますが、どこに住んでいても一定の支援は受けられるようになっていくと思われます。

民間による支援は、引きこもり支援の第一世代がかなり年配になってきていますから、世代交代の時期になります。新規団体の参入など、顔ぶれや力関係は変わるでしょうが、あまり総数に変化はないものと思われます。

当事者会など本人が集う場は今後も増え、様々な情報を当事者が発信することができるようになります。これは間違いなくプラス要素で、新たな波が生まれるとしたらここからです。

8050問題の当事者には、氷河期で非正規雇用となるしかなく、結局引きこもりになってしまった人が多くおり、独自の支援が必要ではないかという意見もあります。ですがケースとしての難しさや抱える問題の種類は、就労経験の有無とは必ずしも関連しません。そこはあまり気にせず、同じ入り口で構わないと思います。ともかく今後は、世代の人口の少なさや人手不足の時代の後押しもあり、若い引きこもりの人数は、間違いなく減っていきます。引きこもり相談が昔より身近で、親世代にも知られていますから、親も早く相談に行き、引きこもっても解決に向かいやすいと思います。それに対し中高年引きこもりの問題は、今後ますます大きくなるでしょう。ここは本当に解決策が難しく、残念ながら行政の支援が中心にならざるを得ない印象です。

支援の失敗で拡大した８０５０問題

１９８０年代から一貫して、引きこもりの数は増え続けています。それは新たに引きこもりになる人の数と、一度引きこもりになり何年もそのまま継続している人の数との合計です。

まず新たな引きこもりに関しては、一定数は生まれるものであろう、と思います。引きこもり自体は、一時的にはその人にとって必要な場合が多々あるからです。内閣府の引きこもり調査では、15〜39歳では54・1万人、40〜64歳は61・3万人という数字を出しています。出現割合は15〜39歳は1・57％、40〜64歳は1・45％です。実は下の年齢層の方が出現率は高いのですが、人口が少ないため引きこもり人数は少ない、というからくりになります。15〜39歳の人数をそのまま「最近新しく引きこもりになった人」と見なすわけにはいかないでしょうが、ある程度の参考にはなると思います。新たに生まれる引きこもりは、若者も中高年も全体の1・5％程度でほぼ変わらない、または微増傾向にあるかも知れない、ということです。

ですが1・5％程度と言うと、2〜3クラスに1人です。急に周囲と連絡を絶ち、外出はコンビニ程度で学校や仕事に行かずに半年ほど過ごす。そんな人がその程度いるのは、学生時代の顔ぶれを思い起こしても、さほど違和感はありません。

転職の合間に自らの貯金で過ごすような人もこの中に含まれるわけですから、逆にそのくらいの選択肢はあってもいいでしょう。半年くらい家族以外の誰とも会わず休みたい時がないとも限りません。それが許されない社会は窮屈です。ですから、出現率については、下げるよう努力する必要性は感じません。

問題は引きこもりの継続性、引きこもりから抜け出せない人の数です。第1章でも触れましたが、引きこもりから抜け出した人の過半数が期間3年以内、それを過ぎると7年10年と長期化していく傾向があります。学校に例えると、同程度の人数の新入生が毎年入るのに、きちんと3年で卒業せず、留年を続けて7年も10年も在籍する人が大量にいる状況です。これでは、総数は増える一方なのが当たり前です。

以上のことから、8050問題のような今引きこもり業界が抱える課題は、卒業システムの不備、すなわち引きこもった人への対処が間違っていたから起きている、と考えるのが妥当です。ですから「これが一般的な対処法」と思われているものを、固定観念を取っ払って一度考察する必要があるのではないでしょうか。

まず精神科、でいいのか

ここからは、私たちが「これは本当にこのままでいいのか」と感じる、現在の引きこもり支援やその考え方についてお伝えします。

最初に考えたいのは、「引きこもりになったら、まずは精神科へ」という風潮です。昔よりは行先の選択肢が増え、最初に精神科・心療内科へ行くという人は減ったでしょうが、それでもまだかなりの割合の人が病院に行ったことがあるというアンケート結果が出ています。

ここで再度はっきりさせておきたいのは、引きこもりとは状態を表す言葉であり、引きこもりと病気はイコールではないということです。これは『社会的ひきこもり』の中で、著者で精神科医の斎藤先生もはっきり明記しています。病院はやはり病気の治療をするところですから、病気のないタイプの引きこもりに対してできることは、あまりありません。

斎藤先生は家族のケアなど様々な対応もしているのだと思いますが、そういう病院はかなり稀です。例えば、「眠れない」と言われれば、たいていの精神科医は睡眠薬を出すだけで、眠れるように日中活動しましょうねとアドバイスくらいはしたとしても、行ける場を紹介する、そちらに行ける様にサポートするということはあまりありません。デイケアを持っている病院もそう多くはありませんし、その1箇所でマッチしなければ、はいそれまで、となってしまいます。

また同じ精神科でも、得意分野は様々です。引きこもりで通院していたのにどうにもならず、よく調べると性同一性障害の治療で有名な病院だったという、笑うに笑えないような話もあります。たとえ症状があったとしても、それが統合失調症なのか発達障害なのかでは適した病院も違います。同じ精神科医でも、得意分野外では的確な診断や適切な治療があまり期待できないのです。やってみて合わない支援なら変えればいいと本書の中でお伝えしましたし、それが基本にはなりますが、精神科の通院は、「とりあえずやってみよう」にはあまり適さない支援だと思います。

通院してまず病気を治す、または症状を抑えなければ、就労支援も何もできないという人がいる一方で、合わない薬などを飲むことで逆に状況が悪化してしまう人もいます。就労支援などに比べると、合う人と合わない人の差が激しく、合わなかった場合のダメージが大きいのです。

精神科はできれば最初に行くのではなく、引きこもり支援を専門とする所で「病院に行く必要がある」「こういう疾患や発達障害が疑われるので、診断してもらう方がいい」といった所見をもらってから行く方がいいのではないでしょうか。

「信じて待ちましょう」を信じるな

引きこもりがここまで長期化した最大の理由に挙げたいのは、「いつか動き出すから、信じて待ってあげましょう、見守ってあげましょう」という考え方の浸透です。「信じて待つ」が間違いとは言いませんが、やはりいくつもある支援の種類の一つにしか過ぎない、過半数に通用するとはとても思えない、というのが私たちの考えです。特に長く待つと引きこもりの固定化が進みますから、一定期間を過ぎたら早々に見切りをつけるべきです。

この「信じて待つ」は、不登校の対応と関係しているのではないかと思います。学校に行かない現象は1950年代から見られ、「登校拒否」と呼ばれ、その後は行きたくても行けない人がいる、拒否ではないと、1990年代に「不登校」と呼ばれるようになったようです。不登校は現在に至るまで増え続け、長らく社会問題となっています。

不登校対応の始まりには、佐藤修策先生の活動などがあります。佐藤先生は岡山県の教護院（現在の児童自立支援施設）を経て、児童相談所の心理判定員（現在の児童心理司。心理学の専門知識に基づいて相談やカウンセリングを行う公務員のこと）となり、子どもの問題に従事しておられました。その後高知大学教授や兵庫教育大学学長を歴任した教育学博士です。著書も多数あります。

佐藤先生は1950年代に、虐待や放任などとは関係ない小学生の不登校のケースを見るようになり、精神科とも関わりながら対応していきます。そして1959年に論文「神経症的登校拒否行動の研究」を発表しています。これが日本最初の不登校に関する研究報告だったようです。

不登校は引きこもりよりも数十年前から問題にされており、その対応も歴史が古いのです。当時の支援の論調がどのようだったかは分かりませんが、少なくとも私たちがイタリアのプロジェクトを始める1990年代前半にはすでに、「信じて待つ」が不登校対応の主流だった印象があります。当時は教育ママが子どもに進路や勉強を押し付けすぎることへの批判があったので、学校に戻すという考え方を変え、本人を責めずに優しく対応し、じっと動き出すのを待ってあげましょうという方針です。いざ引きこもり支援を始めた2000年前後は、この「信じて待ちましょう」を医者やカウンセラー、他所の支援者に言われたという親が、本当に多かった記憶があります。不登校ではなく、引きこもりの相談だったにもかかわらず、です。

現在では退職からの引きこもりが多く、不登校と引きこもりが連続するという前提は崩れましたから、この対応のスライドの根拠も崩れました。そもそも10代の不登校と引きこもりには同じ処方箋が使える可能性があったとしても、40代50代の引きこもりにそのまま通用するとは思えません。冷静に考えれば分かるはずです。

ただ、今回調べてみると、そもそも不登校の対応が「信じて待つ」だったかも怪しい、という結論になってしまいました。最近の佐藤先生のインタビューなどを読んでも、「信じて待つ」などとは全く言っていないのです（不登校新聞「不登校50年証言プロジェクト」）。それよりも幾度も言っているのは「親子の分離」で、私たちの訴える「親離れ子離れ」と同じでした。その土台として親が子どもを受容する段階が必要、というお話は少しありました。ですがそれは「待つ」姿勢と言うより、「親子関係を親自身が変えていく」とあり、親側から積極的に受容に向かって動くべき、という感じです。その受容についても相手が10代であり、親が今後も長く関わるからという言葉もありました。果たして40代50代の対応でも「親の受容が必須」と佐藤先生が思うかは、ぜひ聞いてみたいところです。

斎藤先生も『社会的ひきこもり』本文内で、「信じて待つ」などとは記していません。待つことの重要性の話は出てきますが、「伴走しながら待ち続ける」とあり、同時に「両親だけでも迷わずに治療へと踏み出し、本人への働きかけを開始すること」とあります。つまり親は少しでも早く第三者の協力を求め、その指示で親も行動し、結果は焦らず待つように、というニュアンスでした。佐藤先生も斎藤先生も、親は積極的に本人へ働きかけ、親自身も変化するよう求めていました。一般的に「信じて待つ」から受けるような、「親は手も口も出さずにじっと見守る」というイメージとは、だいぶかけ離れているのです。

引きこもりにも不登校にも、初期の第一人者と呼ばれるような人は、「信じて待つ」とは言っていない。だというのにこれほどに一般的な対応として浸透してしまっている。この状況には、首をひねるばかりです。

「親子の信頼関係」はなくても構わない
「信じて待つ」は長く信仰と呼べるような状況になっているものの、最近はそれではいけない、と言う人たちも少しずつ現れています。それに対し、まだ全く揺るがないのが、「親が支援の主体」という考え方です。その代表格は「親が変われば子が変わる」という言葉ですが、これは「信じて待つ」とセットにされて、不登校対応でも引きこもり対応でもかなり言われてきた印象があります。

初期対応で親が主体になるのは、ある程度は仕方ありません。１００％ではありませんが、親の変化が子に影響を与える可能性は高いので、まず親が変わることを目指すのもいいでしょう。問題は、変化の方向性です。本来「変わる」というのはどんな風にであってもいいはずですが、支援者も親も「親子の信頼関係ができるように」という方向に偏っているように思えます。そういった流れがあるからこそ、前章でお伝えしたような「まず子どもを理解」「親子の会話を」「嫌われないように」と考えて、そこで止まってしまう親が増えるのです。

もちろん親子の信頼関係は大切です。信頼関係が築けるならそうする方がいいとは思います。ですが「親子の信頼関係を築くことを必ず前提にしないと」という今の支援の風潮には、かなり疑問を感じます。

そう思う理由は、大きく３つあります。

1つ目は、私たちが実際に支援している中で、親子の信頼関係はなくても構わないと感じていることです。私たちの支援を卒業、自立している人たちに、今なお親子の距離は縮まらないままという人が一定数います。完全無視を貫く人もいます。引きこもりの解決や自立に、親子の信頼関係は必須条件ではないのです。私たちの支援には、親子の信頼関係の回復や改善を目的とした内容はありません。とにかく外の世界につなぎ、寮生同士など外との関係性を作ることに努めます。親子関係が特に悪い場合は、引き離すことにより尽力します。それで結果にはつながりますし、特に問題も感じません。

2つ目は、客観的に考えて、全ての親子が信頼関係を築くのは無理だろうということです。「親子は必ず分かり合える」という言葉は、まさに根拠のない信仰のようなものでしかないことは、歴史が示しています。しかもこの信仰は親の中には残っていますが、子どもの側の多くには存在しないし、時には求めてすらいません。どう頑張っても理解し合うことはないだろう、と思えるような親子も沢山います。生きている世界が違いすぎて、全く交わる気がしないのです。これは特殊な例ではない上、子どもが引きこもりといった問題を抱えている場合であれば、その割合はさらに高くなるはずです。

3つ目は、引きこもりの主原因が親子関係ではないケースが、恐らく過半数を占めることです。10代ならいざ知らず、成人後に始まった引きこもりは、社会の中でうまくいかず引きこもったケースが大半です。内閣府の調査でも、成人後からの引きこもりが8割近くを占めます。

二神が寮を始めるきっかけでも書いたように、大学不登校あたりからの引きこもりは、「社会の問題」の側面が強くありました。親子関係に問題がある場合でも、外の社会との関わりが作れないから親子関係にも問題が生じているだけで、例えば受け入れてくれるいい就職先があれば、親子関係も含め全部があっさり解決することもあります。親子の信頼関係の問題は、そのくらいの補助的なものでしかありません。

父が息子を殺害した1996年の「東京湯島・金属バット殺人事件」から、記憶に新しい2019年の「元農水事務次官長男殺害事件」に至るまで、親が問題を抱え込んだ結果、我が子を殺害したケースはいくつもあります。特にこの2つの事件は、20年も離れているのに類似しています。どちらも親は相談経験もあり、信頼関係を持てるような「良い父親」であろうとし、それに挫折した印象です。

「まず親子の信頼関係を取り戻さなければならない」と言うのは、親よりも支援者です。多くの支援者が言うので、親たちもそのつもりになるという構図だと思います。親が支援の主体から抜け、外に預ける支援は、2000年代に起きた支援中の死亡事件や最近の引き出し屋の問題などがあり、あまり定着していません。ですが、親が中心で行う支援と第三者が行う支援の両方のタイプが浸透しなければ、現実には多様化した引きこもりには対応し切れません。

そもそも自立とは、親との関係性よりも社会との関係性の方が、その人の中で強くなるということでもあります。わざわざ親との関係性を強める過程を経なくても、社会との関係性ができてしまえば、引きこもりから自立に至る可能性は十分にあるのです。

居場所事業は、やらない方がいい

ここまでの3つは、長く信じられ実施されてきた支援への疑問点でしたが、この項では、いま現在向かっている、向かおうとしている支援への疑問点を記します。

引きこもり支援の世界には、流行と呼べるようなものがあります。例えば以前はアスペルガー症候群やアダルトチルドレンでした。「うちの子はアスペルガーだと思います」「僕はアダルトチルドレンなので」といった言葉を一時期はよく聞きましたが、今はそれほどでもありません。まさに一時的な流行です。

今の流行は発達障害です。アスペルガー症候群も発達障害の一種ですが、現在は自閉症スペクトラムのタイプの一つとなりました。発達障害の問題はずっとあったのですが、今やたらと「発達障害」という言葉が使われています。佐藤修策先生も、発達障害は急に最近生まれたわけではなく、昔からあり、新しい名前で取り出されているとインタビューで答えています。ここまでの盛り上がりはある程度一過性のもので、今後流行はおさまっていくと思われます。

今後の支援の流行になりそうなものに、「居場所事業」があります。

行政の引きこもり支援は、相談事業と就労支援事業がこれまでの主流でした。ですが、そもそも就労がゴールなのかといった反発や、就労の手前で行く所がない、通える場所が欲しいといった声が当事者やその親から上がりました。好きに出入りができ、仕事体験や相談を求められず、同じ当事者と交流できたり1人で好きに過ごせるような、安心して居られる場所が必要だ、というわけです。

すでにひきこもり地域支援センターの大半は、居場所を設置しています。そこで各自治体の引きこもり支援事業にも居場所事業を加えよう、という動きが今高まっています。

結論から言ってしまうと、私たちは居場所事業には否定的です。最初のイタリアとのプロジェクトの時に、イタリアの精神科医から「居場所を作るな」とはっきり言われたため、居場所事業にはなるべく手を出さないようにしてきました。

帰国後のサポートとして、親の会を定期的に開催していた時期もありました。当時は寮もなく、本人は帰国後には自宅に戻りますが、親元に戻ると本人の状況も元に戻る傾向があるため、親に対応を変えるよう伝え続けなければならなかったからです。

イタリア側が決めたその会の運営方法は独特でした。親の会の目的は、今後どうするかを話し合って親たち自身が必死に変化していくことなので、最初に親の間違いを指摘してきちんと落ち込ませるようにしていたのです。参加者にとっては苦しい会だったはずです。慰め合うような会や安心できる場には、決してしようとしませんでした。常に新しい風を入れなければ空気が腐る、流れなければ水は澱む、ともよく言われました。安心を求めるのは人間の本能で、流れが止まればすぐ安心してしまいます。すると同調圧力が生まれて動きづらくなる、または異質なものを排除しようとする力などが働き始めます。現状を認め合うことで、変化が生じにくくなるのです。

少なくとも寮はそこで様々な活動をすることがメインになりますし、その中で様々な問題にもぶつかります。単なる慰め合いや安心だけの場にはなり得ません。卒業入寮が繰り返され、常に変化があります。料金もかかるため、親もズルズルとは居させません。卒業生の出入りは制限しており、ずっと同じ空気が支配するということもありません。

仕事体験が伴う寮には、これだけの条件が自動的に揃っています。だからこそ機能している部分が多いと感じます。今から私たちが居場所作りをしてもうまくいくとは思えないので、今後も居場所事業は行わないでしょう。居場所の運営は、寮よりもよほど難しいのです。

一日ですべての参加者を把握するのが難しい規模、つまり数十人以上が入れ替わりながら参加し、毎回トークテーマがあるような会であれば、単なる慰め合いではなくなるとは思います。会としてはいいのですが、それだけの大規模な会を実現し運営を継続するのは大変です。逆に10人以下の比較的決まったメンバーが集うような会は、同調圧力が生まれやすい状況になります。仲良く集いはしても、そこからなかなか巣立ちません。これもやはり運営の力が相当試されます。何より私たち支援者は、対象者を抱え込んではいけません。きちんと通過地点になり、巣立ってもらわなければならないのです。居場所は「とりあえずの居場所」でしかありえない。失礼ながら、これだけ難しい居場所運営を、急に異動してきただけの行政職員などが担えるとはとても思えません。

コロナ時代の支援スタイル

新型コロナウイルス感染症により、人と会うことが減り、テレワークやオンライン授業が増えました。問題だったはずの「引きこもり」が全国民に推奨され、家にい続けるだけでヒーローだと言われるようになりました。元々の引きこもりはいわば先輩であり、時代の最先端と評されるなど、扱いがひっくり返ってきたのは面白いところです。当の引きこもりたちはと言うと、不安が膨らむ敏感なタイプと、これまでの生活を変わらず続ける動じないタイプとに大きく二分できるのではないかと思います。私たちが接している人の大半は後者です。既に開始している支援は今もそのまま継続しており、寮生たちは変わらず寮生活を送っています。ですが就活といった外向きの活動はしにくくなりました。

しかし、変化を急かされなくなった寮生たちは、とても穏やかに日常を過ごしています。引きこもり気質全開、まさに本領発揮です。それでも、穏やかでいられる理由に、「寮のリビングに行けば何となく話し相手がいる」「隣室の気配がある」といった、本当の孤立状況ではないことが挙げられるのではないかと思います。

今まだ家にいる引きこもりの人たちにとっては、テレワークになった親が家にいて顔を合わせる機会が増えるという、これまでと違う日常になっている人も多くいるでしょう。関係悪化を心配する声もありますが、私たちはそこをあまり問題視していません。ひとつの変化は、次の変化のきっかけになります。父親が定年になり、家の居心地が悪くなって入寮を決心したケースもあります。今回はコロナウイルスにより否応なしに変化することになりました。この変化をどう次につなげるかが大切で、変化そのものを悲観する必要はないと思っています。

社会がどのように変化するのか、その中で私たちは支援の在り方をどうしていくべきなのか。ここからは社会学も経済学も知らない、単なる一般人の予想なので、間違っていてもご容赦ください。

私たちは今のところ、相談業務などは多少のオンライン化を進める、好調な業種や企業を見極めて仕事体験の受け入れ先として開拓する、程度のことは考えていますが、支援そのものを大きく変える必要性は感じていません。

コロナウイルスにより、オンラインでするような仕事や、なるべく人と直接会わないような仕事は間違いなく増えます。それなら引きこもりの人たちにはチャンスだ、と考える方もいるでしょう。確かに引きこもれる特性はコロナ前より価値は上がり、いきなり就ける職業も増えるでしょうが、問題はそう単純ではありません。

例えばオンラインで完結する仕事を見つけ、いわゆる「引きこもり」からは脱したとします。ですがパソコンの向こうにはやはり人間がいて、その人とやり取りしなくてはなりません。オンラインであっても、人間関係から解放されるわけではないのです。また、何とか仕事は継続して収入は得られたとしても、そこから本人の世界が外へ広がるとは限りません。お金ができてもネットで買い物をする程度で、結局ただ仕事をするだけの、実質は孤立したままの状況になる可能性は大いにあります。

通勤し人と会う職場であれば、その中でもまれ、人との関係の作り方も学べます。たまに仕事の後に飲みに行ったり、休日に遊ぶ相手も見つかるかも知れません。体験の場としては、やはりリアルが圧倒的に強いことは間違いありません。

また、仕事でのつながりが薄くなる分、それ以外のつながりが求められていくはずです。そんなプライベートの側面でも、オンライン化して距離が関係なくなる分、「呼べば来られる距離だから」と誘われる機会や、「何となくその場に居れば参加者になれる」という性質の場は減るでしょう。コロナ後の社会は、その人自身の「つながる力」「人としての魅力」などが、これまで以上に問われることになるのです。

これは引きこもりの人たちにとって、マイナスに働く可能性が高いでしょう。つながる力は人間関係の中で磨かれるものですし、人の中で魅力をいかに発揮できるかも過去の経験がものを言います。ネットなら人が変わったようにそれができるという人はほんの一部で、大半はこれまでリアルな人間関係を紡いでいた人には勝てません。人とつながることばかりが推奨されるのはどうなのかと思う方もいるかも知れませんが、「誰かとつながっていたい」「誰かの役に立ち、自信を持ちたい」という欲求は、引きこもる若者の大半が持っています。だからこそ私たちの寮のテーマは「仲間・働き・役立ち」なのです。コロナ後であっても、人の中でやっていける力が結局必要で、そのためにはやはり寮などできちんと人とつながる体験を一度しておくことは大切です。

私たちは今後も、リアルに人とつながるような体験を提供していくつもりです。カウンセリングなどより実体験を重視し、体験の場を提供することを考えて運営してきましたが、その路線に変わりはありません。もし予想より大きく社会が変わったとしても、問題解決のための具体的な支援を追求し続けるつもりです。

「社会性」より「社会力」を

引きこもりやニートも含め、社会にうまくなじめず悩み苦しんでいる人たちにとって、何が必要なのでしょう。私たちが親子間に求めているのは「親離れ子離れ」ですが、若者たち自身には何を得て欲しいと思っているのでしょうか。

私たちのイメージは、門脇厚司先生が１９９９年の著書『子どもの社会力』（岩波新書）の中で示されている「社会力」に、かなり合致しています。門脇先生は教育学者で、筑波大学の名誉教授であり、筑波学院大学などの学長、茨城県美浦《みほ》村の教育長を経て、２０１９年までつくば市の教育長を務めておられました。

同書の中で社会力は、「社会を作っていく力」と定義づけられています。その社会とは人の集合ですから、社会力は人とつながる力でもあります。社会性と混同しそうになりますが、社会性は今ある社会に適応する力であり、社会力とははっきり区別されています。社会性が今の社会の維持だとすれば、社会力は既存社会の革新です。つまり、今の社会に適応しているかどうかとは関係なく、人とつながり自分の社会を作れれば、社会力があると考えることができます。もし今の社会に適応できなかったとしても、社会力が高ければ自分なりの小社会を作ることができます。それなら引きこもらずに済む、または引きこもっても早めに抜け出すことができるでしょう。

では、社会力はどうやって伸ばすのでしょうか。門脇先生は、「多様な他者との相互行為によって培われる」と書いています。相互行為とは2人以上の人が互いに働きかけ、行動のやり取りをすることです。

社会力を形成する第1ステップは0～3歳頃で、ここで相互行為をする他者は、主に両親です。赤ちゃんを抱いて、声をかけ、笑顔を向けられたら笑顔を返し、話しかけられたら応えるといったことが、相互行為になります。このステップで他者への関心や愛着を持つことが、その後の社会力形成の原動力となります。

第2ステップは4～25歳頃で、学校に入り広がる世界の中で、「次から次と目の前に現れる、見知らぬ人たちとの相互行為につぐ相互行為」によって、社会力が形成されます。

第3ステップは20代後半～定年を迎える60歳頃で、身につけた社会力をここで発揮し、社会生活を送っていく時期です。一部の人は更に社会力を高めていきますが、多くは社会力の形成はストップして、同じ行為を繰り返すことになります。

ここで注目すべきは、第2ステップの社会力の形成に、約20年という長い時間が当てられている点です。活発な相互行為を繰り返してなお、これだけの時間がかかるのです。しかも門脇先生は、核家族になったこと、学校でも偏差値優先で共同作業のような授業がなくなっていること、地域コミュニティの崩壊などから、子どもの相互行為の相手や機会が減り、子どもの社会力を育むことが難しくなっていると書いています。本書が出たのは20年以上前ですから、そんな状況はさらに進んでいると考えられます。

この本の中では、子どもの社会力形成のために大人がどうするかについても書かれていますが、想定しているのは小学生くらいまでで、成人してからの方法論はありません。ですが、やはり必要なのは、「見知らぬ人たちとの相互行為につぐ相互行為」なのだろうと思います。

そのためには、寮ほど適した場はなかなかありません。多様な他者と相互行為ができ、共同作業があるので相互行為の質は上がり、更に一緒に住むことで必然的に濃密な相互行為になります。閉じた家族の中での社会力形成は難しいですし、親が主な他者である時期は3歳で終わっています。家族をひらき、他者を入れて少しでも見知らぬ人との相互行為ができるようにすることが、社会力の形成につながります。

そして寮を卒業する、ある程度外に出られる、バイトができる状況などになったなら、また新たなステージでの社会力形成ということになります。何せ普通に外の世界と交わっていても20年がかかる壮大な工程なのですから、気長に構えるしかありません。

今は社会が大きく変わっていく時期です。自分なりの社会を作っていく社会力が、更に大切になります。引きこもり支援も、社会性から社会力にシフトしていくべき時代なのではないでしょうか。

そもそも、なぜ引きこもりが大量に生まれるのか？

引きこもりの多様化、引きこもり支援の多様化の話をしてきましたが、もっと根本的に言えば、そもそもなぜ引きこもりが社会問題となるほどに増えたのか、という疑問があります。そこには、不登校支援が増えているにもかかわらず、不登校が一向に減らないことと似た構造があります。不登校の場合は、学校そのものが多様化していないという問題があります。学校が多様化していない状態で不登校支援の多様化を進めても、自ずと限界があります。

高校であれば通信制やフリースクール、高卒認定試験など、選択肢は増えました。ですがどれも全日制の普通高校に通えなかったから第二の選択肢として、という印象が否めません。コロナウイルスによって授業のオンライン化は進むでしょうが、集団で学び日々を過ごすことの意味は十分にありますから、今の学校スタイルをなくす必要があるとは思いません。ですが、全日制普通高校とそれ以外に、あまりにイメージの差がある現状は問題です。これでは今の学校スタイルにはまれない人は、頑張って卒業しようとして苦しみますし、転校してもやはり劣等感をぬぐい切れません。

そんな中で、2016年にKADOKAWAと「ニコニコ動画」のドワンゴが開校した「N高等学校」などは、面白い存在です。通信制高校ですが、選択授業の豊富さなど魅力があります。教育の中身や結果などはまだ判断が難しいでしょうが、現時点で大きいのは、劣等感なく「あえてこの高校を選ぶ」という生徒が多数生まれたことです。

こういった個性を出した多様な高校が誕生し人気が出てくれれば、不登校を取り巻く状況はだいぶ変わるはずです。通信制で高卒資格取得といった選択肢が普通になった時、登校しないことはあまり問題にはされなくなるでしょう。

引きこもりと引きこもり支援も、不登校と似たような道を歩んでいます。現在は支援を増やし、対応しようという気持ちが社会全体に見えます。ですが、これだけでは不登校と同様、引きこもりも減らすことにはつながりません。不登校の場合、根本解決策は学校そのものの多様化ではないかとお伝えしましたが、引きこもりの場合は「生き方の多様化」ではないでしょうか。

生き方の多様化は始まっている

生き方の多様化とは、一人一人が出す答えの集合体なので、今私たちが定義づけることはできませんが、世間の常識にとらわれず自分なりの社会を作っている人たちはたくさんいます。寮から卒業していく人たちも、自分のペースを守れる、重い責任を負わなくて済むなどの理由で、わざと正社員ではなくバイトを選択する人が多数派です。仕事主義ではなく、自分の時間や卒業生仲間との時間を大切にする生き方です。

私たちが主催するニート祭りのゲストは、もっと特徴的です。ブログが人気となったｐｈａさんは「日本一有名なニート」と言われ、ギークハウスというシェアハウスを運営していました。『ニートの歩き方』など著書も多数あります。

葉梨はじめさんは和歌山県の限界集落にある、「共生舎」というＮＰＯ法人が運営する施設に住んでいます。かなりの田舎、しかも廃校を利用した施設のため、月１万８０００円で暮らせます。「山奥ニート」として生活を発信し、２０２０年5月に初の著書

『山奥ニート」やってます。』を本名の石井あらたで出版したところです。

レンタルなんもしない人さんは、「なんもしない人（僕）を貸し出します。飲み食いと、ごくかんたんなうけこたえ以外、なんもできかねます。」というサービスで、2019年に一躍有名になりました。ただその場に居る、言われたとおりのコメントを返すなど、依頼内容はかなり多彩です。書籍化もされ、2020年4月から連続ドラマ化もされています。

彼らの生き方の特徴は、私たちが寮のテーマにしている「仲間・働き・役立ち」の観点から、ある程度分類することができそうです。

ｐｈａさんは仲間たちとの大学寮のような暮らしを求め、それが可能なギークハウスというシェアハウスを作りました。ネット上のつながりも大切にしていました。葉梨はじめさんは、同じような仲間や地域で暮らすお年寄りがいる空間を選択しました。

働き方の多様化は、生活の糧を得る方法の多様化です。葉梨はじめさんは、月2万稼げばやっていける環境にいます。レンタルなんもしない人さんは、「何もしない」ことが商品価値になるという、これまで表面化していなかった需要を掘り起こしました。ｐｈａさんは、ほしい物リストを公開して誰かに買って送ってもらったり、生き方に理解を示した大家さんに家賃をかなり安くしてもらうなど、ファンに支えてもらうスタイルでした。レンタルなんもしない人さんが参考にしたプロ奢ラレヤーさんも、一緒に飲食をして奢ってもらうという、金銭の授受ではない手法を取っています。

役立ちの多様化は、自己肯定感を何で得るか、という問題です。これはトークを聞いていての印象ですが、ｐｈａさんは自分のファンがいる、自分を真似てギークハウスを作る人がいることで、自己肯定感を得ているように思います。飼い猫の存在も一役買っているかも知れません。葉梨はじめさんは、そもそも過疎化の進んでいる地域に住んでいますから、仲間たちと暮らして共同体での役割を担ったり、地域のお年寄りとちょっと話をしたりするだけでも、役立ち感や自己肯定感を得られるでしょう。彼らは、自分に適した仲間・働き・役立ちを理解し実現しています。自分に合った社会を自分たちで選んで作っているという意味で、彼らには確かに社会力があります。

生き方の多様化の片鱗はそこかしこに見えており、その情報は取ろうと思えばいくらでも取れます。ですが、現状は多様な生き方の定着には程遠く、特に社会力に長けて頭のいい人だけが、自分の社会を作れているという印象です。

彼らは40代以下ですが、彼らが示しているような生き方の多様さが定着しないのには、上の世代との意識のズレがあるように思います。彼らは、既存社会とはぶつからないように、静かに自分の社会だけを作る傾向があります。そして、理解してくれる狭い仲間を求めて、ブログや動画で発信します。共感者によって拡散されていくだけで、誰かに向かって強く主張することはしないのです。

常に多数派の立場でいて声が大きい団塊の世代や、その上の学生運動を経験したような世代は、上の世代にぶつかり自己表現をして来ました。ですから、自分たちの作った社会に異論があれば下の世代が反発してくる、何もなければこれでいい、と思いがちです。しかし、下の世代はそもそも、強い主張をすることがないのです。この構図は、私たちが支援する親子間でも見えます。団塊の世代以上の親は意見が強く、子どもは根拠も薄い自分の意見をはっきり言うことはできません。この世代間の傾向は、今後も変わらないでしょう。

引きこもりの問題はゼロにはなりませんが、100万人という現状からは脱することができるはずです。それには、引きこもりの多様化を認識し、支援の多様化を推し進めるとともに、生き方の多様化の定着が必要です。このスピードが、引きこもり問題縮小化のスピードにつながります。そのためには上の世代は子ども世代の生き方を否定しないことが大切ですし、スピードを速めるには上の世代から積極的に歩み寄り、認める必要があります。そうやって、時代の変化のスピードを速めるのです。

最近は「引きこもる権利を認めよう」といった内容の意見を耳にすることがありますが、それで完結するはずがありません。認めるべきは、もっと根本的な生き方の選択の権利です。長い引きこもりの多くは、自分の生き方に向かう途中でつまずき、動けなくなっている状態です。多様な生き方が定着した中で、その人が社会力を備えていれば、自分に合った生き方を模索していけます。ゴールに多様性がなければ、その途中にも多様性はありません。生き方の多様性は、新たに引きこもる人を減らします。そして引きこもり支援の真の多様性にもつながり、多様化した引きこもりに幅広く対応できるということになります。これが私たちの考える、引きこもり問題の解決方法です。

私たちにできるのは、引き受けたケースをきちんと解決できるような機関であり続けること、そしてたまのニート祭りで生き方について発信すること、こうやって引きこもりについての考えを伝えていくことくらいで、あまり多くはありません。

それでも、本書が何かの一助になることを願ってやみません。

久世芽亜里　認定NPO法人ニュースタート事務局スタッフ。青山学院大学理工学部卒。ニュースタート事務局では現在、親の相談や事務、広報を担当。

Ⓢ新潮新書

874

コンビニは通《かよ》える引《ひ》きこもりたち

著　者　久世芽亜里《くぜめあり》

2020年9月20日　発行

発行者　佐藤隆信

発行所　株式会社新潮社

〒162-8711　東京都新宿区矢来町71番地
編集部(03)3266-5430　読者係(03)3266-5111
https://www.shinchosha.co.jp

印刷所　錦明印刷株式会社

製本所　錦明印刷株式会社

ISBN978-4-10-610874-7　C0236

価格はカバーに表示してあります。